게임 디자이너를 위한
문서 작성 기술

■ 도서 A/S 안내

성안당에서 발행하는 모든 도서는 저자와 출판사, 그리고 독자가 함께 만들어 나갑니다.

좋은 책을 펴내기 위해 많은 노력을 기울이고 있습니다. 혹시라도 내용상의 오류나 오탈자 등이 발견되면 "좋은 책은 나라의 보배"로서 우리 모두가 함께 만들어 간다는 마음으로 연락주시기 바랍니다. 수정 보완하여 더 나은 책이 되도록 최선을 다하겠습니다.

성안당은 늘 독자 여러분들의 소중한 의견을 기다리고 있습니다. 좋은 의견을 보내주시는 분께는 성안당 쇼핑몰의 포인트(3,000포인트)를 적립해 드립니다.

잘못 만들어진 책이나 부록 등이 파손된 경우에는 교환해 드립니다.

저자 문의 e-mail : bidoky7274@gmail.com(주진영)

본서 기획자 e-mail : coh@cyber.co.kr(최옥현)

홈페이지 : http://www.cyber.co.kr   전화 : 031) 950-6300

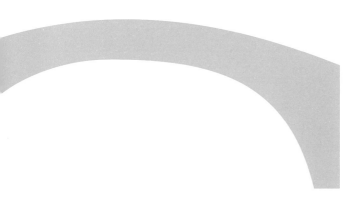

게임 디자이너를 위한
문서 작성 기술

주진영 지음

Game Design Starting
with a Document

(주)도서출판 성안당

게임을 만드는 것은 게임을 플레이하는 것만큼이나 재미있는 일이다. 아니, 때로는 플레이하는 것보다 게임을 만드는 게 더 재미있기도 하다. 내가 생각했던 것이 하나하나 쌓아 올려져서 완성되어 가는 모습을 보는 것은 게임 플레이 못지않은 즐거움과 충족감을 준다. 아이디어를 다듬어서 완성된 형태로 만들어갈 때 기쁨을 느끼는 것은 비단 게임뿐만이 아니라 다른 모든 창작물에도 해당하는 이야기이겠지만, 게임이 더 즐겁다고 느껴지는 이유는 게임이야말로 즐거움을 위한 컨텐츠이기 때문이 아닐까 싶다. 놀이를 위한 도구로 대단한 교훈을 주거나 무언가를 가르쳐야 한다는 의무감에서 상대적으로 자유롭고, 오로지 게임을 갖고 놀 플레이어들의 즐거움만 떠올리고 그들이 어떻게 행동할지를 예측하면서 만들어진다.

게임은 플레이어의 행동을 기대함으로써 진행되는 컨텐츠다. 게임은 플레이어에게 새로운 경험을 만들어주며 게임 디자이너가 의도한 대로 플레이어가 행동하지 않으면 진행되지 않는다. 게임 디자이너는 플레이어들의 행동을 예측해서 게임을 만들고, 플레이어 역시 게임을 만든 이들의 의도를 파악해 행동하지 않으면 앞으로 나아갈 수 없다. 게임을 만든

이와 즐기는 이가 모두 게임을 통해 서로를 이해하면서 같이 완성해 나가는 것이다.

게임은 이처럼 즐거운 경험을 주는 컨텐츠이지만, 무언가를 만드는 과정이 즐겁지만은 않다. 게임을 만들어보지 않은 이들에게 게임을 만드는 과정은 미지의 세계와 같을지도 모른다. 결과물을 보고 어떤 과정을 거쳐서 만들어졌는지 쉽게 알기 어렵고, 결과물에서 보이지 않는 과정들도 필요하기 때문이다. 그래서 게임 디자인을 하고 싶어 하는 이들은 처음에 어떻게 접근해야 할지 잘 모르는 경우도 많은 것 같다.

게임 디자인 과정을 연습해보는 가장 좋은 방법은 기존의 게임을 하나 선택해서 어떤 의도와 과정을 거쳐 만들어졌는지 따라가면서 개발 과정을 복기해보는 것이다. 기존 게임을 모델로 선택했다고 해서 결과물이 반드시 그 게임과 동일할 필요는 없다. 비슷한 형태와 구도를 차용하면서 그 안에 자신의 생각을 넣어서 완성해도 좋다. 기계적으로 모델이 된 게임을 따라가기보다는 자신의 생각을 투영해서 의도를 만들어가는 게 더 좋을 수 있다. 다만 모델이 있으면 게임의 완성된 모습을 짐작할 수 있고, 그로 인해 제작 과정에서 챙겨야 하는 것들을 파악하는 지표를 얻을 수 있다.

완성된 게임을 역으로 디자인하면서 처음부터 게임을 만든다고 생각하고 단계별로 문서를 만들어보면, 막연히 생각하는 것보다는 구체적으로 생각이 정리되고 전체적인 모습도 좀 더 쉽게 이해할 수 있을 것이다. 이렇게 문서만으로 게임을 만들어보는 것도 좋은 연습이 될 수 있다.

　게임 개발 과정에서 문서의 양식은 크게 정해져 있지 않다. 개발팀마다 다른 형식을 쓰는 경우가 많고, 때로는 하나의 프로젝트 안에서 다른 양식을 사용하기도 한다. 문서의 파일 형식도 다양해서 대중적인 문서 파일 포맷을 쓰는 경우도 있고, 웹의 게시판 형식을 이용하는 경우도 있는데, 당연히 어떤 포맷을 쓰느냐에 따라 같은 내용이라도 보이는 형식은 달라질 수밖에 없다. 이렇게 다양한 형식들이 현업에서 사용되기 때문에 실무적인 게임 개발이 어떻게 진행되는지 잘 이해가 되지 않는 개발자 지망생들은 문서 작성에 대해서 막연하게 생각할 수밖에 없고 자신의 생각을 어떤 양식으로 문서화시켜야 하는지에 대해 어려워할 수밖에 없다. 시중에 나와 있는 문서 정리 관련 책들도 게임 개발보다는 일반적인 사무실 업무의 문서 작성에 대해서 설명하고 있기 때문에 크게 도움이 되지 않는 것도 현실이다. 업계 선배들에게 물어봐도 아마 가장 많이 듣는 말이 '형식은 중요하지 않아, 네가 생각한 것을 읽기 좋게 정리하면 돼'였을 것이다. 이 역시 틀린 말은 아니다.

　하지만 어떤 내용이 들어가야 하는지 모르는 이들에게는 이런 막연한 설명은 크게 도움이 되지 않기 때문에 예시를 보여주고 싶었다. 단락의 마지막에 문서 작성 예시가 있는데, 여기에서 제시하는 문서의 형식은 정답이 아니다. 앞서 말했듯이 개발팀마다 문서의 형식은 천차만별이고, 예시로 보여주는 문서들 또한 다양한 형식 중 하나일 뿐이다. 하지만 구체적으로 문서가 어떻게 정리되고 공유되는지는 백 마디 말보다 한 번 보는 것이 나름대로 도움이 될 것이라고 생각한다. 그러니 이 책의 문서들을 참고는 하되, 너무 신봉하지는 않기를 바란다. 무엇보다 가장 중요한 것은, 문서의 형식이 아니라 문서의 내용이다. 무슨 게임을 만들지 본인이 구체적으로 알고 있어야 한다는 것이다.

내용에서 일부 영어 단어 표기법은 한글의 외래어표기법과 맞지 않는데 현업에서 관습적으로 쓰는 단어들의 경우 업계 표현을 따랐다. 그것이 더 친숙할 것이기 때문이다.

Concept(콘셉트) - 컨셉
Contents(콘텐츠) - 컨텐츠
Targeting, Target(타기팅, 타깃) - 타겟팅, 타겟

2025년 1월
주진영

CONTENTS

제 1 장

계임 디자인
Game Design

—

게임 개발의 전반적인 과정을 설명하고 개발 과정에서 게임 디자이너가 무슨 일을 하는지 이야기할 것이다. 게임 디자이너는 게임 개발에서 중추적인 역할을 하는데 무엇보다 개발이 잘 진행되도록 한다.

—

놀이는 인간의 본성

놀이를 즐기는 것은 인간의 본성 중 하나다. 아마 여기에 대해 반론을 제기하는 사람은 거의 없을 것이다. 사람은 누구나 즐거움을 추구하고자 하고, 새로운 유희 거리를 탐구한다. 설사 환경이 여유롭지 않더라도 그 제한 속에서 가장 적합한 놀거리를 찾는다. 놀이를 하는 동안에는 도낏자루가 썩는지도 모를 정도로 시간이 지나도 즐겁다. 우리 모두 열심히 일을 해야 한다고 생각하지만 그에 대한 보상으로 즐길 수 있는 무언가를 바라기도 한다. 의무감을 갖지 않으면서도 몰입해서 즐거움을 느낄 수 있는 그 어떤 것을 기대한다. 그것 또한 살아가는 의미 중 하나가 아닐까.

요한 호이징가Johan Huizinga는 "놀이는 명확하게 한정된 시간과 공간 속에서 행해지며 주어진 규칙에 따라 질서정연하게 진행된다"*라고 했는데, 요즘의 컴퓨터 게임을 설명하는 데 이보다 더 적합한 말은 없을 것이다. 예전에 비해서 현대의 환경은 뛰어놀 공간이 점점 사라지고 있지만, 기술이 발전하면서 놀이의 영역은 현실의 공간에서 가상의 공간으로 확장되었다. 사람들은 현실과는 다른 규칙이 적용되는 가상의 공간에서 게임을 즐기고 있다. 게임은 엄연히 생활의 일부로 자리 잡았으며 훌륭한 놀이문화 중 하나라고 할 수 있다. 게임이 없는 세상은 더 이

---

* 로제 카이와가 쓴 『놀이와 인간』(문예출판사)에 호이징가가 어떻게 놀이를 정의하였는지 설명되어 있다.

상 상상할 수 없다. 그리고 즐거운 게임 플레이의 경험을 만드는 이들이 바로 게임 디자이너다. 게임 디자이너들에게 왜 게임을 만드냐고 물어보면, 그들은 이렇게 대답할 것이다.

"재미있으니까."

게임 디자이너를 위한 문서 작성 기술

게임 개발의 업무 분야

놀이, 혹은 게임은 인류의 역사와 함께 존재해 왔지만, 이 책에서는 디지털 게임, 혹은 비디오 게임이라고 불리는 게임에 대해서 이야기할 것이다.

일반적인 의미의 게임*에서는 게임이 진행되는 규칙이 가장 중요하지만, 디지털 게임을 만들기 위해서는 게임의 규칙 외에도 게임이 동작하는 시스템을 어떻게 구성하고 데이터를 어떻게 관리할지도 알아야 한다. 또한, 컴퓨터에 의한 복잡한 계산도 가능하고 화려한 연출도 가능하므로 혼자보다는 다양한 분야의 인원이 모여 게임을 개발하는 경우가 많다. 요즘은 개발을 위한 툴 Tool 들이 다양하게 나와서 혼자 개발하는 사람들도 많지만 여기에서는 팀을 구성해서 게임을 개발하는 환경에 대해 이야기하려고 한다. 그리고 팀의 구성은 크게 세 파트로 나눠 설명할 것이다.

게임 개발자는 크게 세 분야로 나눌 수 있다. 게임을 디자인하는 디자이너, 게임 이미지를 만들어내는 아티스트, 게임을 구현하는 프로그래머다. 흔히 디자이너라고 말하면 그림을 그리는, 이미지와 관련된 일을 하는 사람들을 생각하지만, 게임 개발팀에서 디자이너라고 하면 게

---

* 디지털이 아닌 게임들. 사람들이 직접 모여서 플레이할 수 있는 놀이들을 말한다. 이후 이런 게임들을 '테이블 게임(Table game)'이라고 부를 것이다. 주로 테이블에 모여서 플레이하는 경우가 많기 때문이다.

임을 만드는 사람, 게임의 전체적인 모습을 구상하고 플레이어가 어떤 경험을 하게 할지를 정의하는 사람들이다.

게임 프로그래머는 게임을 위한 소프트웨어를 구현하는 이들이다. 프로그래머는 게임이 동작하도록 만들어준다. 자동차로 예를 들면 엔진을 만드는 것과도 같다. 디지털 게임 개발은 대부분 소프트웨어의 개발이므로 개발에 참여하는 이들은 모두 어느 정도 소프트웨어에 대한 지식을 갖고 있어야 한다.

아티스트는 그래픽 혹은 사운드 작업을 하는 이들이다. 게임 개발팀에서 디자이너는 게임을 만드는 이들을 칭하고 아티스트는 이미지 작업을 하는 이들을 칭한다. 이 책에서도 역시 그렇게 칭할 것이다.

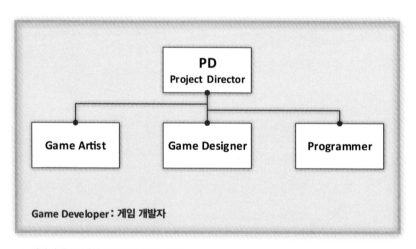

▲ 간략하게 본 게임 개발팀의 파트 구분

게임 디자이너를 위한 문서 작성 기술

게임을 제외한 다른 분야에서는 개발자라고 하면 주로 프로그래머나 엔지니어를 말하지만 게임 개발 업계에서는 게임 개발에 관련된 모든 이들을 개발자라고 한다. 그래서 이 책에서 '개발자'라고 이야기하는 것은 프로그래머만이 아닌 아티스트나 게임 디자이너, 테스터를 모두 포함한다.

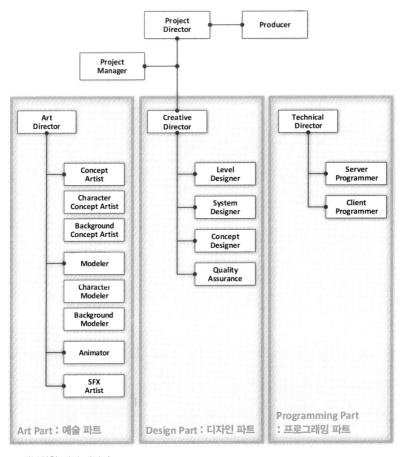

▲ 세분화한 게임 개발팀

게임 디자이너가 하는 일

흔히 디자이너라고 하면 이미지와 관련된 일을 한다고 생각하기 때문에 게임 디자이너도 게임의 그래픽에 관련된 일을 하는 사람이라고 여기는 경우가 많은데, 게임에서 디자이너라고 하면 게임의 규칙을 정하는 이들을 말한다. 디자인 design 이라는 말은 '설계도', '계획', '만들다' 등의 의미를 가지기에 그림을 그린다기보다는 무언가를 만들어내는 것을 의미한다. 일러스트레이터와 디자이너는 다르고 일러스트레이터에게 디자이너라고 하지 않는 것과 같다. 디자이너는 그림이 아니라 실용적인 결과물을 만들어내는 이들이다. 의상 디자이너, 가구 디자이너, 자동차 디자이너, 엔진 디자이너 등 디자이너라고 불리는 이들이 하는 일을 생각해보면 알 수 있다.

게임 디자이너 역시 마찬가지로 게임을 만드는 사람들이다. 게임의 완성된 모습을 그리고, 그것을 만들기 위한 세부적인 구성을 디자인한다. 그래서 게임 디자이너들이 게임에 대해서 가장 잘 아는 이들이며 게임 개발의 한 축이 된다. 게임 아티스트는 만들고 있는 게임에 대해서 이해하지 못해도 작업할 수 있지만* 게임 디자이너는 만들어지는 게임에 대해 이해하지 못하면 게임 개발에 참여할 수 없다. 게임의 규칙

---

* 물론, 게임을 이해하면 더 좋은 결과물이 나올 수 있지만, 때로는 전문적인 게임 개발자들이 아닌 일러스트레이터들이 게임에 참여해서 이미지 작업을 하는 경우도 있기 때문에 이런 설명을 했다.

을 세우고 어떻게 개발해야 할지 고민하는 이들을 게임 디자이너라고
한다.

흔히들 디자이너라고 하면 창의적이고 번뜩이는 아이디어가 많을
것이라고 생각한다. 굳이 앞에 '게임'이라는 말을 붙이지 않아도 디자
이너라고 하면 왠지 엉뚱한 생각을 해내고, 일반적인 사람들과는 다른
사고방식을 가지고 있을 것만 같고, 세상을 보는 시각이 일반인들과는
다를 것 같은 느낌을 받는다. 하지만 현대를 살아가는 데 창의력이 필
요 없는 일이 있을까? 모든 일에는 창의력이 필요하다. 단순해 보이는
일도 창의력이 있는 사람이라면 좀 더 효율적인 방법을 찾거나 새로운
관점에서 접근할 것이다. 그래서 여기에서는 창의력을 언급하지 않을
것이다. 핵심은 창의력이 아니라 아이디어를 구체화해서 실행하고 결
과물을 만들어내는 능력이다.

그렇다면 게임 디자이너는 무엇을 하는 걸까? 패션 디자이너를 예로
들어보자. 패션 디자이너가 하는 일은 단순히 새로운 옷의 모양을 그리
는 것이 아니다.

- 새로운 모양의 옷을 구상하고,
  (이 과정에서 여러 사람의 의견을 물어보거나 기존에 나와 있는 옷들을 본다)
- 구상한 옷을 스케치하고,
  (아이디어를 구체화해서 다른 이들도 디자이너의 생각을 알 수 있다)
- 샘플로 구상한 옷을 만들어서 제품화할 만한 가치가 있는지 확인하고,
- 옷을 어떻게 만들지 구체적으로 명시한 명세서를 만들고,

- 만들어진 옷이 문제가 없는지, 의도와 다르게 된 부분이 없는지 검수하고,
- 수량을 얼마나 할 것이며, 언제쯤 출시할지 조율하고,
- 대량 생산을 지시하고,
- 최종 검수를 하고,
- 때로는 제품에 어울리는 판매 계획을 짜기도 한다.

이게 패션 디자이너가 하는 일이다. 패션 디자이너들은 테이블에 앉아서 멋진 옷의 이미지만 그리는 것이 아니다. 만들고자 하는 옷이 어떤 모양이 되어야 하는지 구체적으로 정리하고, 재단을 어떻게 해야 하는지, 어떤 천을 사용해서 어떻게 재봉해야 하는지 모두 알고 있어야 한다. 그래서 옷에 대한 예쁜 이미지를 그리는 사람을 패션 디자이너라고 하지 않고, 옷을 완성시킬 수 있는 사람을 패션 디자이너라고 한다. 머릿속에만 있는 생각을 구체화해서 제품화할 수 있는 이들이 바로 디자이너다. 필요한 천이나 실, 부자재를 모두 만들거나 직접 바느질을 하는 것은 아니지만 천과 실의 특성을 알아야 하고, 필요하면 원하는 부자재를 주문하는 등 생산 공장의 공정을 파악하고 있어야 한다.

이처럼 디자인에는 계획, 구상, 전략이 전부 포함된다. 디자인은 사물, 혹은 시스템을 계획하고, 결과물을 구체적으로 설계하며, 이에 대한 목적을 분명히 하는 것을 의미한다. 말 그대로 '창조'하는 행위인 것이다. 패션 디자이너, 건축 디자이너, 환경 디자이너, 인테리어 디자이너, 무대 디자이너, 조명 디자이너 등 디자이너의 유형은 아주 많지만 창조가 공통 사항이다. 그래서 디자인은 미술에 한정되는 것이 아니라

게임 디자이너를 위한 문서 작성 기술

엔지니어까지 포함하는, 아주 광범위한 영역을 아우른다.

    게임 디자이너도 동일하다. 단순히 아이디어를 내고 정리하는 것이 아니라 아이디어를 구현하기 위한 세부적인 내용을 모두 진행할 수 있어야 한다. 막연한 아이디어는 결과물을 만들 수 없다. '창문이 커다란 집을 지어야지' 하는 것과 창문이 커다란 집의 설계도면을 만드는 것은 하늘과 땅 차이가 아니겠는가. 디자이너들은 커다란 창문 그림만 그리는 것이 아니라 그러한 창문이 있는 집의 설계도면을 만드는 사람들이다. '창문이 커다란 집을 갖고 싶어요'라는 고객들의 요구사항이 있어서 창문이 커다란 집을 지어야 한다면, 디자이너는 가장 먼저 구체적으로 얼마나 커다란 창문인지를 결정할 것이다. 가로로 큰 창문인지, 세로로 큰 창문인지, 사람이 드나들 수 있을 정도의 크기인지, 천장까지 닿을 정도의 크기인지, 2층까지 보이는 크기인지 등 크기에 대한 명확한 기준이 있어야 한다.

    막연하게 이야기하면 각자가 서로 다른 생각을 할 수 있기 때문에 구체적으로 기준을 잡을 필요가 있다. 왜 그런 커다란 창문을 요구하는지도 알아야 한다. 밝은 집이 좋아서 큰 창문을 요구하는데 공간상 큰 창문을 넣기 어렵다면 밝은 조명으로 보완할 수도 있다. 채광이 목적이라면 창문의 프레임을 적게 사용하여 빛이 들어오는 영역을 가능한 한 넓게 할 것이다. 환기가 목적이라면, 그 창문은 반드시 열려야 하고, 다른 창문들과 방향을 맞춰서 열리는 부분이 고려되어야 할 것이다. 고객들은 '채광도 잘되고, 환기도 잘되고, 밝으면 좋겠어요'라고 말할 수도 있지만, 이런 막연한 이야기 속에서 가장 중요한 것을 찾아내거나 결정하고 다른 부분들을 조율해서 세세한 부분까지 완성해야 한다.

원하는 창문이 결정되면 그 창문을 위한 집의 구조가 설계될 것이다. 적당한 천장의 높이와 마루의 넓이와 위치 등……. 이제는 창문에 대한 것만 알아서는 안 된다. 집을 사용하는 사용자의 동선과 행동 패턴을 이해하고 생활방식을 알아야 사용자에게 맞는 집을 설계할 수 있다. 그리고 창이 놓일 공간에 대한 이해도 필요하다. 어디가 동쪽이고, 창문의 위치가 어디에 있어야 가장 효율적일지, 땅의 경사와 주변의 지형 구조 등 지리적 특성이 어떠한지도 잘 알고 있어야 한다. 집짓기 공정의 특성도 알아야 하고, 재료에 대한 것도 알아야 하며, 어디서 그런 재료들을 구할 수 있는지도 알아야 한다. 이런 모든 것들을 알아야 집을 설계할 수 있고, 완성된 모습을 그려볼 수 있다.

이제 게임 디자인 이야기를 해보자. 게임에 대한 아이디어는 누구나 낼 수 있다. 하지만 게임 플레이를 잘한다고 게임을 잘 만들 수 있다고는 생각하지 않는다. 게임을 만드는 과정에서 눈에 보이지 않는 부분들에 대해서도 인지하고 설계할 수 있어야 하기 때문이다.

지형 오브젝트를 예로 들어보자.

MMORPG Massively Multiplayer Online Role Play Game에서 플레이어와 상호작용Interaction을 하는 지형 오브젝트를 만들려고 한다. '바닥에 나뭇더

미가 쌓여 있고, 플레이어가 다가가서 나뭇더미를 들고 다른 장소로 이동해서 내려놓는 것을 하고 싶다. 게임에서 이런 행동을 할 수 있다면, 게임의 몰입도가 좋아져서 게임을 플레이하는 게 더 재미있을 것 같다.' 여기까지가 막연한 아이디어다. 이걸 구현하기 위해서 자세히 구상해보자.

우선, 플레이어가 바닥에 놓인 나뭇더미를 들게 하고 싶다. 이런 나뭇더미를 지형 오브젝트라고 부르겠다. 지형 오브젝트는 플레이어와 상호작용할 수 있는 오브젝트다. 플레이어가 나뭇더미를 들어 올리는 행위는 어떻게 정의할 것인가? 나뭇더미를 클릭하게 할 것인가. 클릭을 했는데 거리가 너무 멀면 어떻게 할 것인가. 1m 이내면 나뭇더미를 들게 하고, 1m 밖에 있으면 나뭇더미에 더 가까이 다가가야 들게 할 것인가. 가까이 다가가는 거리는 1m인가, 90cm인가, 50cm인가. 가까이 다가가는 도중에 몬스터에게 공격을 받으면 어떻게 할 것인가. 가는 것을 멈추고 전투 태세로 돌입하게 할 것인가, 이동하는 도중에는 몬스터가 플레이어 캐릭터 Player Character를 보지 못하게 할 것인가. 전투가 시작되면 나뭇더미를 향해 이동하는 행동을 초기화시킬 것인가. 몬스터가 플레이어 캐릭터를 보지 못하고 무시한다면 이로 인해 다른 문제점이 발생하지는 않을까. 나뭇더미를 향해 이동하는 과정에서 다른 플레이어들은 이 플레이어 캐릭터의 상태를 알아야 할까. 알아야 한다면 머리에 아이콘 같은 것을 표시해줘야 할까. 나뭇더미를 클릭하고 이동하면, 이 나뭇가지는 플레이어와 이미 상호작용이 일어났다고 봐야 할까.

나뭇더미에 가까이 가기 전에는 상호작용이 일어나지 않았다고 해야 할까. A 플레이어가 먼저 나뭇더미를 발견하고 이동 중인데, 가까이 있던 B 플레이어가 먼저 나뭇더미를 들고 이동해 버리면 문제가 될까, 아니면 무시해도 될까.

자, 이제 겨우 나뭇더미에 가까이 갔을 뿐이다. 앞의 예시 외에도 고려해야 할 사항은 더 많을 것이다. 그 모든 상황을 어떻게 처리할지 설계가 필요하다. 쪼개고, 쪼개고, 쪼개고 가능한 한 세부적인 내용까지 모두 생각해야 하고 모든 상황에 대한 대처 방안이 준비되어 있어야 한다. 그래야 디자인을 구현할 수 있을 것이다. 이것이 디자이너가 생각해야 하는 범위와 깊이다. 그리고 그 내용을 팀의 다른 개발자들에게 전달할 수 있어야 한다.

게임 디자이너를 위한 문서 작성 기술

문서 작성의 필요성

이 책에서 주로 다룰 내용은 개발을 위한 문서를 작성하는 방법이다.

게임을 개발하면서 가장 중요한 결과물은 게임이다. 그리고 게임 디자이너의 결과물 또한 게임이다. 아티스트에겐 이미지가 남고, 프로그래머에게는 코드가 남지만, 게임 디자이너에게 남는 것은 문서가 아니라 게임이다. 그래서 문서 작성을 얼마나 잘하느냐보다는 게임을 잘 만들 수 있느냐가 게임 디자이너에게 요구되는 능력이다. 재미있는 게임을 구상하는 것도 필요하고, 그 게임을 만들기 위해 게임의 구조를 어떻게 짜야 하는지를 잘 아는 것도 필요하다. 하지만 게임 디자이너들은 문서 작업에 꽤 많은 시간을 쓰고 있고, 규모가 큰 팀이라면 그럴 가능성은 더 높아질 것이다. 다행히도 게임을 만드는 과정에서 문서의 중요성은 점점 감소하고 있다. 형식 또한 작성하는 데 부담스럽지 않게 점차 간소화되어 필요한 내용만 메모 형식으로 작성하거나 회의록 등으로 대체하기도 한다. 개발에 불필요한 시간 낭비를 막고 부담스러운 행정적 절차를 줄이고 싶어 하기 때문이다.

문서 작업은 솔직히 말해서 흥미진진한 일은 아니다. 아니, 때로는 아주 비효율적으로 느껴지기도 한다. 필요하면 몇 걸음 떨어져 있지 않은 동료 프로그래머나 아티스트에게 가서 이런저런 설명을 하거나, 직접 데이터 테이블Data Table을 열고 필요로 하는 값을 수정하면 되는데 굳이 번거롭게 문서로 남기는 것은 시간 낭비처럼 느껴지기도 한다. 프로

고객이 설명한 것

프로젝트 리더가
이해한 것

영업에서 설명하는 것

시스템 분석가의 설계

프로그래머의 코드

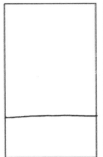

프로젝트의 문서

설치된 것

동작하는 것

지원받은 것

광고에서 보이는 것

고객이 지불한 것

고객이 정말 필요로
했던 것

게임 디자이너를 위한 문서 작성 기술

젝트의 진행에 대해서 설명하는 아주 유명한 그림인 '나무 그네 그림'[*]에서도 개발 과정에서 문서 작업이 어떻게 진행되고 있는지 간단하게 설명하고 있지 않은가.

게임 개발에서 문서 작업은 '점점 간소화되고' 있다. 내가 신입이었을 때는 개발이 시작되기 전에 최소한 20페이지는 족히 넘는 문서들을 작성해야 했고, 프로그래머나 아티스트와 이야기하기 전에 그들이 작업하면서 참고가 될 만한 두꺼운 문서를 만들어야 했다. 비록 그들은 그 문서를 읽지 않겠지만…….

그래, 문제는 그거였다. 우리는 모두 개발팀원의 대부분이 문서를 읽지 않는다는 것을 알고 있었다. 정확히 말하자면 읽지 않는 것이 아니라, 자신들에게 필요한 부분만 읽고 그 외의 다른 부분은 거의 신경 쓰지 않는다고 해야 맞을 것이다. 심지어 같은 게임 디자이너들끼리도 서로의 문서를 읽는 경우는 드문 일이다. 내가 만든 것 중에서 가장 긴 문서는 89페이지였지만 그 문서를 모두 출력해서 보는 팀원은 아무도 없었고, 자신들에게 필요한 몇 페이지만 뽑아 모니터 옆에 붙여놓았을 뿐이었다.

요즘은 10페이지가 넘어가는 문서는 잘 만들지 않는다. 시스템 문서들은 4페이지를 넘지 않는 경우도 많고, 그마저도 문서의 형식이 아니

---

[*] 1989년 『Total Quality Management』(John S. Oakland)에서 최초로 등장한 이후, IT의 프로젝트 요구분석에 대한 풍자 내용으로 많이 언급되는 이미지이다.

라 웹페이지의 게시판 ex.Wiki 을 이용하거나 회의록으로 대체하기도 한다. 만약, 팀원들이 오랫동안 같이 일해서 자세한 설명을 하지 않아도 서로 일하는 방식에 익숙하고 소통에 문제가 없다면 문서 작업에 시간을 쓰기보다 다른 필요한 것에 시간을 쓰는 것이 효율적이다. 하지만 나는 학생들에게 문서를 꼭 작성하라고 이야기한다.

대부분의 학생은 게임을 구상하는 데 익숙하지 않기 때문이다. 만약 게임을 구상하고, 어떻게 개발해야 할지 능숙해서 머릿속에서 모든 내용을 깔끔하게 정리할 수 있다면 굳이 문서로 재정리할 필요는 없다. 간략하게 알아볼 수 있을 정도의 메모만 남겨도 충분하다. 하지만 익숙하지 않은 사람들은 문서를 작성하면서 내 생각을 정리할 수 있고, 구상 단계에서 미처 생각하지 못했던 구멍 난 부분들을 찾아낼 수도 있다. 모호하거나 사소해서 잊어버리기 쉬운 부분들을 기록하면 차후에 찾아보고 기억을 되살리는 데도 도움이 된다.

게임 디자인에 대한 경험이 적다면 문서를 자세하게 적어보는 것이 도움이 된다. 생각한 내용들을 정리하면서 허점을 발견하거나 누락된 부분을 찾을 수 있고, 프로그래머나 아티스트와 논의하기 전에 어떻게 자신의 생각을 설명하는 게 좋은지 정리할 수도 있다.

대부분의 개발 지망생들은 어디까지 구체적으로 생각을 정리해야 하는지 잘 모르고, 스스로는 생각의 정리가 다 되었다고 여긴다. 하지만 실제로는 너무나 막연하고 모호해서 도저히 구현할 수 없는 아이디어 수준으로 정리해 오는 경우가 많은데, 문서로 작성하면 어떤 부분이 모호한지 알 수 있다. 말로 설명하면 그 순간에는 이야기를 하는 사람도 듣는 사람도 다 이해한 것 같지만, 자세한 사항들에 대해서는 놓치고 지나갈 수 있다. 그러나 문서로 정리해놓으면 어떤 부분에 구멍이 있는지 판단할 수 있다. 특히 경험이 적다면 세부적인 사항까지 문서로 정리해보는 것을 권한다.

개발 문서라는 것은 일종의 계획표이자 설계도라고 할 수 있다. 게임을 어떻게 만들어야 하는지에 대해서 적혀 있기에 계획이 괜찮은지 아닌지 신중하게 검토·판단할 수 있으며, 누락된 부분을 찾아낼 수 있다.

때로는 문서를 정리하면서 내 생각이 바뀌기도 한다. 문서를 정리한다는 것은 생각을 정리한다는 의미도 있으니 하나씩 쌓아 나가다 보면 좀 더 다듬고 싶은 부분도 생길 것이다.

문서를 남기는 것은 다른 팀원들과 생각을 공유한다는 의미도 있다. 그래서 가끔 '1인 개발'을 하는 학생들로부터 문서를 꼭 작성해야 하느냐는 질문을 받는 경우가 있다. 문서 작성에 많은 시간을 들이지 말라거나 문서는 크게 중요하지 않다는 이야기를 들었는지도 모른다. 실제로 이런 말을 쉽게 들을 수 있다. 하지만 다시 한번 말하는데 만약 당신이 경험이 많지 않다면 문서 작성을 권한다.

대부분의 사람들은 만드는 과정에서 계속 새로운 생각이 나고 더 좋다고 판단되면 그 생각들을 반영하고 싶어 한다. 처음에는 타격과 피격

의 간단한 판정 시스템을 구현하고자 했지만, 개발 과정에서 스킬Skill
에 대한 아이디어가 떠오르고, 그것을 적용해 멋진 연출을 붙이고 그럴
듯한 소리도 연결해보고 싶을 수 있다. 그리고 S/W 개발의 장점이자
단점은 이렇게 중간 과정에서 새로운 생각들을 추가로 구현할 수 있다
는 것이다. 물론 일정은 늘어나겠지만 더 좋은 결과물을 위해 시도해볼
만한 가치가 있다고 판단되면 일정을 수정하고 작업량을 늘릴 것이다.

문제는 이렇게 중간 과정에서 등장한 새로운 아이디어에 붙잡히면
본래 시스템의 구현은 점점 늦어진다는 것이다.

작업에 대한 계획을 세우고, 그 부분을 문서로 정리하고, 개발 과정
에서 멋진 생각들이 떠올라도 무시하고 처음의 계획대로 구현한 후에,
따로 정리해놓은 멋진 생각들을 추가로 구현할지, 다른 것과 같이 구
현할지 고민하고 결정해야 한다. 즉 생각해서 계획을 세우고, 구현하는
단계를 반복적으로 밟아 나가는 것이 좋다. 생각하면서 구현하고, 구현
하면서 생각하면 앞으로 나가지 못하고 제자리걸음만 하게 될 수도 있
기 때문이다. 이런 과정에서 문서 작성을 하면 생각을 정리하고 계획하
는 것까지 문서를 통해서 일단락할 수 있다. 그러므로 문서 작업을 너
무 하찮게 생각하지 않기 바란다.

요약

- 문서로 정리하는 것은 그 자체로 많은 훈련이 된다.

- 문서를 작성할 때는 무엇을 위한 문서인지 목적을 명확하게 정하고, 무엇을 설명할지를 정리한다.

- 문서의 작성은 개발 과정에서 일을 정리하는 의미를 갖기도 한다.

- 문서의 형식은 중요하지 않다. 문서를 읽는 이들이 이해할 수 있느냐가 가장 중요하다.

- 문장은 가능한 한 짧게 쓴다. 긴 문장을 읽고 싶어 하는 이들은 드물다.

- 완전한 문서를 쓰도록 노력해라. 물론, 완전한 문서 따윈 없지만.

- 내용도 중요하지만 형식도 중요하다. 문서의 편집도 고민해본다.

제 2 장

───────

게임 개발 단계
Game Dev.
Process

—

일종의 소프트웨어 개발이기도 한 컴퓨터 게임은 개발 중에도 언제든지 결정을 뒤집을 수 있다고 생각하기 쉽다. 실수를 상대적으로 쉽게 만회하고 개발 내용을 수정해서 회복할 수 있는 것은 맞지만, 이것이 언제든지 결정을 번복해도 좋고, 그 과정에서 문제점을 쉽게 고칠 수 있다는 이야기는 아니다. 개발 단계에 맞춰서 신중하게 결정하고 가능한 결정을 번복하지 않아야 게임을 완성할 수 있다.

—

책장 정리 단계

어느 날 책장을 보는데, 책이 너무 많다는 것을 깨닫고 책장을 정리하기로 마음먹는다. 다시 보지 않을 책들도 있고, 관심에서 멀어져 존재를 잊었던 책도 있고, 예전에는 아주 재미있게 봤지만 생각이 바뀌어서 더 이상 흥미를 갖지 않게 된 책들도 있다. 그리고 분명히 책장이 맞는데 책 외에도 빈 노트라거나, 광고지라거나, 왜 여기에 있는지 알 수 없는 것들도 쌓여 있음을 발견한다. 이젠 더 필요없는 것들을 버리고, 책장에 빈 공간을 만들기로 한다.

책장을 정리하기 위해서는 우선 뭐가 있는지 한 칸씩 뒤지기 시작할 것이다. 그러다 '어, 이거 무슨 내용이었지?'라며 책을 펼쳤다가 내용에 빠져서 읽게 되기도 하고, 몰랐던 사진이 나와서 이건 앨범에 보관해야지 하고 앨범에 사진을 꽂다가 이번에는 앨범을 뒤적이게 되어서 책장 정리는 잊어버리고 추억 탐험에 몰두한 경험을 한 번쯤은 해보았을 것이다. 난 분명히 정리를 하려고 일을 벌였는데 오히려 책장은 더 난장판이 되어 있고 때로는 끼니를 놓쳐서 배는 고프고 짜증 나고…….

정리를 잘하는 사람들은 한 번에 하나의 목표를 세워서 일을 처리한다. 버릴 것을 다 빼서 버릴 상자에 넣는다. 버린다고 판단한 것은 다시 열지 않는다. 책을 버리려 할 때는 책을 절대 읽지 않는다. 그렇게 한 번에 하나씩 일을 마무리 지어야 다음 단계로 넘어갈 수 있고 결국에는 끝을 볼 수 있기 마련이다.

게임 디자이너는 게임의 규칙을 디자인하는 사람들이라고 앞에서 말했다. 게임의 완성형을 알고 있기에 자연스럽게 개발 과정에서 진행을 맡는다. 어떤 부분이 먼저 구현되어야 한다거나 결과물의 목적이 무엇인지 팀원들과 공유해서 프로젝트의 방향을 정한다. 어떤 게임을 만들지 팀원과 같이 모여서 의논하지만 세부적인 모습을 결정하는 것은 게임 디자이너이고, 게임 디자이너의 문서가 팀에 공유되면 본격적으로 개발이 시작된다.

팀의 규모가 커서 일정을 관리하는 역할을 맡은 사람이 있다면 경우가 다르지만, 팀이 작다면 자연스럽게 게임 디자이너가 프로젝트의 일정을 관리하는 역할도 맡게 된다. 일정 관리는 무엇을 먼저 진행해야 하는지, 단기간에 구현되어야 하는 것의 목표가 무엇인지, 어디까지 구현한 다음에 테스트를 진행할지 등, 일의 순서와 단계를 정리하는 역할이다. 그런데 여기서 문제가 발생한다. 게임의 내용을 결정하는 사람과 일의 진행을 정리하는 사람이 같으면 마음에 드는 결과가 나오지 않은 경우 계속 결정을 번복할 수 있다는 것이다. 책장 정리를 할 때와 같은 상태가 된다면 프로젝트는 도저히 앞으로 나아갈 수 없다.

게임 디자이너를 위한 문서 작성 기술

자주 변경되는 기획

만약, 주위에 게임 개발자가 있다면 이런 푸념을 쉽게 들을 수 있다.

처음에는 단지 전투를 하고, 특정 몬스터를 몇 마리 사냥했는지에 대한 기록을 요청했다. '몬스터를 몇 마리 잡아 오라고 하는 퀘스트를 줄 거야.' 어려워 보이는 일은 아니다. 모든 몬스터는 내부적으로 고유한 값ID을 갖고 있고, 죽는 순간 그 값을 확인해서 정보를 날려주면 되니까. 그래서 그걸 구현하고 있는데, 다른 수정 요청이 왔다. '퀘스트를 진행하면 몬스터가 특정 아이템을 떨어뜨리도록 해줘. 그 퀘스트를 하는 중이나 끝낸 후에도 계속 얻을 수 있는 거야. 퀘스트를 조건으로 새로운 제작 재료 아이템을 얻을 수 있게 하려고 하거든.' 이 역시 어려운 문제는 아니다. 특정 퀘스트를 조건으로 보상을 추가하도록 만들면 된다. 몬스터는 보상 주머니를 2개 갖고 있고, 퀘스트를 트리거로 해서 보상이 확장되도록 할 것이다. 좋아, 여기까지도 괜찮아.

'연결되는 퀘스트로 이전의 퀘스트를 완료하면 추가로 재료 아이템을 얻을 수 있는데, 대신 연결되는 퀘스트를 모두 완료하고 나면 더 이상은 재료 아이템을 얻을 수 없도록 해줘.' 그럼 이제 다른 팀원들이 외치기 시작한다. '제발 내용을 정리해서 갖고 와. 그렇지 않으면 우리가 일을 끝낸 다음에 수정 요청을 하든가.'

물론, 여기에서 말하는 예시는 아주 간단한 상황이고 큰 문제라고 할 수 없다. 조금씩 기능이 확장되면서 구조가 변경되고 있지만 개발 방향이 크게 바뀌었다고 볼 수는 없으니까 이 정도라면 사소한 문제라고 할 수 있을 것이다. 진행 정보에 대한 것을 퀘스트 데이터에서 관리하도록 했다가, 몬스터 데이터에서 관리하려고 했다가, 다시 퀘스트 데이터에서 관리하도록 수정한 정도이니까.

하지만 이 상황의 문제점은 이 구조를 만든 게임 디자이너의 생각이 너무 자주 바뀌고 있다는 것이다. 어떻게 데이터를 관리하는 게 좋을지 신중하게 생각했을까? 진행에 대해 검토하지 않고 계속 생각나는 대로 구현 요구사항을 바꾸는 것이 아닐까? 더 좋은 게임을 만들기 위해서라는 것은 알고 있지만, 결정하기 전에 신중하게 생각하는 것이 위험부담과 시간 낭비를 줄이는 방법이다. 또한 같이 개발하고 있는 팀원 간의 신뢰를 떨어뜨리지 않는 방법이기도 하다.

모든 게임 디자이너들이 개발 단계와 일정 관리에 대해서 알아야 하는 이유다.

가구 만들기 vs 게임 만들기

작업을 위한 보조 책상이 하나 필요했다.

지금 사용하는 책상은 너무 작아서 모니터와 키보드만 올려놓으면 더 이상 아무것도 놓을 수 없어서 새로 책상을 사고 싶었지만 책상을 바꾸기에는 내 방이 너무 작았다. 그래도 약간의 여유 공간이 있기에 작은 보조 책상을 하나 둘 정도는 되었다. 작업을 할 때는 보조 책상을 사용하고, 작업하지 않을 때는 기존의 책상 아래에 넣어 놓으면 필요할 때마다 보조 책상을 요긴하게 쓸 수 있을 것 같았다.

그런데 아무리 찾아봐도 내가 원하는 책상은 보이지 않았다. 기성품으로 나와 있는 책상은 모두 내 마음에 들지 않았는데, 여유 공간에 들어갈 수 있는 책상들은 너무 작아서 활용성이 떨어지거나 혹은 너무 커서 방에 넣을 수 없었다. 작업 공간을 늘리고 싶어서 책상을 구입하려는 것인데 스탠드 하나만 겨우 올려놓을 수 있다면 무슨 소용이란 말인가. 결국 나는 책상을 하나 만들기로 했다. 하지만 집에 나무를 가공할 수 있는 공간이나 도구가 없으므로 원하는 형태의 책상을 공방에 의뢰해서 제작하기로 했다.

기왕 책상을 만들기로 결심하자 약간의 욕심이 생겼다. 원래 필요한 것은 작업 공간의 확장이라 상판의 면적만 충분히 확보하면 되지만 책상 아래의 공간도 활용할 수 있으면 좋을 것 같았다. 책을 꽂아둘 공간이 부족했던 나는 아래를 책꽂이로 활용하기로 했다. 일반 책상과는 달리 보조 책상은 아래 공간이 필요 없었으므로 남는 부분을 알차게 활용하기로 한 것이다. 그래서 상판 아래의 모든 면을 책꽂이 공간으로 만들었다. 문구류를 넣을 서랍도 짜넣기로 했다. 당연한 이야기이지만 네 면을 모두 활용할 수는 없었다. 책이 들어가는 공간이 있으니 양옆은 어느 정도 막힐 테니까. 내가 가진 책들의 크기를 고려해서 책을 2단으로 꽂을 수 있도록 설계했다.

'음, 괜찮은 것 같군.'

형태가 정리되자 대략의 도면을 그렸다. 중요한 부분은 사이즈를 적고 내가 원하는 사항들을 꼼꼼하게 기입했다. 상판 넓이가 이 면적을 넘어가면 안 되고, 책상은 돌리거나 이동도 가능해야 하니 바닥에 바퀴를 달아야 하고, 책꽂이의 높이는 최소한 이 길이는 넘어가야 한다는 것 등에 대한 설명들을 적어서 공방에 제작을 의뢰했다.

그 책상의 모양은 상당히 특이했고, 나는 모든 사항에 대해서 자세하게 적지는 않았다. 전체의 형태는 그림으로 그려 갔지만, 사이즈나 용도 등은 내가 필요한 부분만 설명했다. 즉 나는 그 도면에 적힌 것만 충족되면 나머지는 상관없었다. 그리고 나머지는 어떻게 만들어야 하는지도 잘 알지 못했다. 모서리를 삼각으로 접합해야 하는지, 사각으로 접합해야 하는지 등은 내가 전혀 모르는 내용이었다. 하지만 공방의 아저씨는 프로였고 내가 가져간 도면을 보고 몇 가지 사항만 확인한 후에 원하는 책상을 제작해주었다.

나는 단지 원하는 사항만 이야기했고, 공방 아저씨가 제작했다. 여기

게임 디자이너를 위한 문서 작성 기술

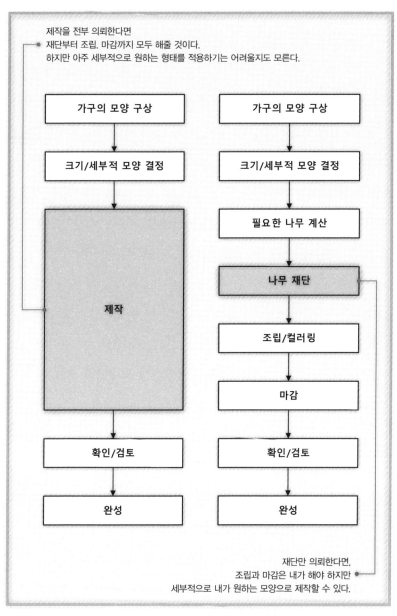

제작을 전부 의뢰한다면
재단부터 조립, 마감까지 모두 해줄 것이다.
하지만 아주 세부적으로 원하는 형태를 적용하기는 어려울지도 모른다.

| 가구의 모양 구상 | 가구의 모양 구상 |

| 크기/세부적 모양 결정 | 크기/세부적 모양 결정 |

| | 필요한 나무 계산 |

| 제작 | 나무 재단 |

| | 조립/컬러링 |

| | 마감 |

| 확인/검토 | 확인/검토 |

| 완성 | 완성 |

재단만 의뢰한다면,
조립과 마감은 내가 해야 하지만
세부적으로 내가 원하는 모양으로 제작할 수 있다.

▲ 가구 제작 순서

에서 나는 디자이너가 아니라 아이디어 제공자이자 의뢰인이고 실제로 디자인을 한 사람은 공방의 디자이너다.

만약, 내가 공방에 모든 것을 일임하지 않고 직접 책상을 만들려고 한다면 좀 더 자세하게 설계도를 그려야 할 것이다. 필요한 것만 적은 스케치가 아니라 전체의 모든 부분에 대한 사이즈가 필요하고 각 유닛들이 어떻게 결합할지도 고민해야 할 것이다. 면과 면을 닿게 접합할지 모서리를 다듬어서 선과 선이 닿게 접합할지, 접합하는 부분은 본드로 붙일지 볼트를 이용할지 등도 고민할 것이다. 물론, 본드로 붙일 때의 장단점, 볼트를 이용할 때에 고려되어야 하는 부가사항들에 대해서도 나는 알고 있어야 한다. 그렇지 않으면 완성된 책상은 내가 원하는 만큼 튼튼하지 않거나, 만드는 과정에서 한 면을 접합하고 났더니 다른 부분을 접합할 여유 공간이 없거나 하는 등의 문제점이 생길 수 있기 때문이다.

재료의 특성을 파악하고 원하는 결과물을 얻는 데 필요한 가장 최선의 방법을 찾은 다음 세부적인 설계도를 그릴 것이다. 들어가야 할 모든 나뭇조각의 크기뿐만 아니라 부수적으로 필요한 재료들과 그 재료들의 크기, 각 조각들이 어디서 어떻게 연결되어야 하는가 등의 여러가지가 모두 고려되어야 한다.

나무를 직접 자를 필요는 없다. 나무는 도면에 맞는 크기로 주문하면 된다. 공방은 내가 어떤 책상을 원하는지, 내가 완성하고자 하는 책상

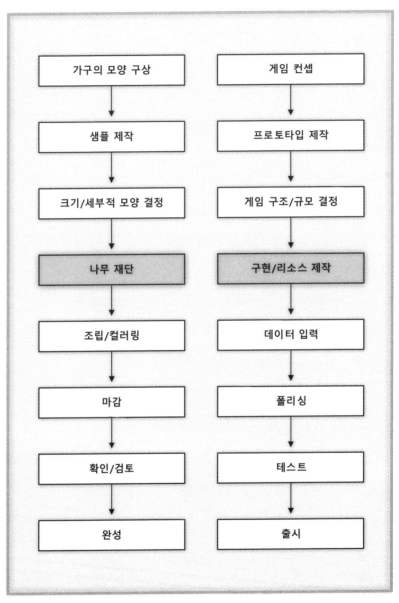

가구의 모양 구상	게임 컨셉
샘플 제작	프로토타입 제작
크기/세부적 모양 결정	게임 구조/규모 결정
나무 재단	구현/리소스 제작
조립/컬러링	데이터 입력
마감	폴리싱
확인/검토	테스트
완성	출시

▲ 가구 제작 순서와 게임 개발 순서의 비교

의 모습을 몰라도 요구한 대로 나무의 종류에 맞춰 크기를 재단해줄 것이다. 재료를 필요한 곳에서 수급해서 내가 조립하면 책상은 완성된다. 이런 과정을 거쳤다면 나는 이 책상을 '디자인'했다고 말해도 좋다. 단순한 아이디어 제공자가 아니라 디자인을 한다고 말하기 위해서는 이 과정을 진행할 수 있어야 한다.

게임 개발 과정에서 게임 디자이너의 역할은 후자에 가깝다. 어떤 게임을 만들지 정리하고 필요한 재료들이 준비될 수 있도록 각 파트원에게 내용을 구체적으로 알려주고, 재료들이 준비되면 조립해서 게임을 완성한다. 즉 게임에 필요한 논리적인 구조와 툴, 리소스들이 어떻게 준비되어야 하는지를 결정하고 정리하는 역할을 한다.

게임 개발을 나무 책상을 만드는 것과 비교해보자. 나무 책상은 전체적인 모양을 정하고, 필요한 나무판의 정확한 크기와 재료를 결정하고, 연결 부분을 어떻게 처리할지에 따라 필요한 부품을 선택해서 재료가 준비되면 조립해서 만든다. 마찬가지로 게임은 규칙을 정하고, 요구사항을 충족하는 시스템의 구조를 정리하고, 필요한 리소스들을 챙겨 모든 구현을 완료하면 세부적인 데이터를 넣어서 완성한다.

가구의 용도와 형태를 고민해서 만드는 것과 게임의 구조와 플레이를 고민해서 완성하는 것은 비슷하다고 볼 수도 있다.

하지만 게임 개발의 과정은 책상을 만드는 것보다는 좀 더 유연성이 있다. 나무를 자르고 다듬을 수 있는 공방이 집에 있다고 생각하면 된

　　　　　　　　　게임 디자이너를 위한 문서 작성 기술

다. 만들어지는 과정을 보면서 진행 과정에서 조금씩 세부 사항을 변경할 수도 있고, 스케치만으로 최종 모양을 결정하는 게 아니라 모형을 만들어서 어떤 것이 더 좋을지 간단한 실물을 보고 결정할 수도 있다.

　내가 학생 때 만든 책상은 책을 너무 많이 꽂을 수 있도록 설계되었고, 결과적으로 너무 무거워서 원하던 대로 사용할 수 없었다. 그분은 그다지 좋은 디자이너는 아니었던 것 같다.

게임 개발의 장단점

디지털 게임 만들기의 대부분은 게임 소프트웨어의 개발이다.

디지털 게임 또한 소프트웨어이므로, 개발 과정이 일반적인 소프트웨어를 개발하는 과정과 비슷한 단계를 가진다. 무엇을 만들지 고민하고, 구현하고, 계획한 대로 구현되었는지 확인하는 과정이다. 굳이 소프트웨어라고 나누지 않아도 대부분의 제품은 이렇게 만들어질 것이다. 계획하고, 만들고, 확인하고…….

소프트웨어 개발의 장점은 유연성이 있다는 것이다. 개발 중 문제가 발견되었을 때 거대한 공장 라인을 다시 만들 필요 없이 쉽게 수정할 수 있다.

만약, 테이블 게임인 보드게임을 만든다고 생각해보자. 게임에 대한 규칙을 만들고, 어떤 요소들 – 보드나 카드, 혹은 말_{Figure}이 필요한지 결정할 것이다. 그리고 프로토타입을 만든 다음, 수만 번의 게임 플레이를 해보면서 최적의 규칙을 결정하고, 최종적으로 카드가 몇 장이 필요하며 보드는 어느 정도의 크기가 알맞고 말은 어떤 모양이 몇 개가 있으면 되는지 신중하게 결정할 것이다. 제작에 들어가면 수정하기 어렵고, 제작이 완료되었는데 결함이 많다고 생각되면 제작된 결과물은 모두 악성 재고로 남아서 사막에라도 파묻고 싶어질지도 모르기 때문이다. 그래서 신중하게 결정하고 제작에 들어가게 된다.

게임 디자이너를 위한 문서 작성 기술

물론, 소프트웨어를 만드는 것은 이런 위험부담이 적고, 유연하게 대처할 수 있다는 것이 장점이므로 너무 신중하게 생각하면서 구현 시기를 늦추는 것도 좋지는 않다. 하지만 무엇을 만들어야 하는지는 명확하게 알고 시작하는 것이 좋다. 소프트웨어 개발의 장점은 구현 과정에서 문제점이 금방 발견되고 발견된 문제점을 어떻게 수정해야 할지 논의해서 변경할 수 있다는 것이지만, 이런 장점을 남용해서 '생각은 깊이 안 해봤지만 일단 돌아가는 것을 보자'라고 한다면 목표도 없이 전진하는 모양이 될 것이다. 당연히 좋은 결과를 보기는 어렵다.

소프트웨어 개발은 유연성이 있다. 초반에 모든 것을 결정해야 하고, 결정 과정에 불확실성이 있으면 안 되고, 진행 중 수정의 위험부담이 큰 하드웨어 개발과 비교하면 소프트웨어는 물리적으로 결과물이 나오는 것이 아니다. 그렇기 때문에 개발 과정에서 문제가 생겼을 때 구현 내용을 조금 조절하는 등 유연하게 대처할 수 있다. 개발자들이 한 팀으로 작업하는 것도 그렇게 할 수 있는 여건을 만들어준다.

이것은 아주 좋은 장점이지만, 때로는 단점으로 작용하기도 한다.

진행 과정을 보면서 세부 내용을 바꿀 수 있기 때문에 파생되는 문제점들에 대해서 깊이 고민하지 않고 일단 구현하는 경우가 발생한다. 자신의 생각이 정리되었는지 아닌지도 확실하지 않은 상태에서 제작에 들어가는 것이다. 여러 상황에 대해서 고민하지 않았기 때문에 약점이 많거나 문제점이 발생할 가능성이 커지는데, 역시 쉽게 고칠 수 있으니까 문제가 보일 때마다 그때그때 수정하면 된다고 생각한다. 이렇게 계획에 대해서 깊이 고민하지 않고 즉흥적으로 개발을 진행한다. 큰 그림을 만들지 않고 진행하면 경험이 적은 이들은 같은 실수를 반복할 수도 있다. 이런 경우 프로젝트는 핵심을 놓치고 보이는 문제를 해결하는 데 급급하게 된다. 결국엔 무슨 게임을 만들어야 하는지 방향성이 모호해지고 매력도, 재미도 없는 게임이 탄생한다.

여러 명이 팀을 이뤄서 프로젝트를 진행할 때 진행 계획을 잘 세우지 않으면 진행이 뒤죽박죽이 될 수 있다. 어느 한쪽에서는 작업이 완료되지 않았는데, 다른 한쪽에서는 수정사항이나 개선사항을 논의하는 등 서로 혼란스러운 경우가 많이 발생한다.

여러 명이 아니라 혼자서 개발하는 경우라도 개발 단계별로 성격을 명확하게 하지 않으면 구현하는 와중에 계속 좋은 생각이 떠오르고, 그 생각을 적용시키면서 계획을 바꾸다 보면 마무리가 되지 않고 후반 작업에서 혼선이 빚어질 것이다.

그래서 전체적인 작업 순서에 대한 계획을 세워서 진행해야 한다.

게임 디자이너를 위한 문서 작성 기술

개발 준비 단계 Pre-Production

게임은 크게 개발 준비 단계 Pre-Production, 구현 단계 Production, 후반 작업 단계 Post-Production를 거쳐 출시한다.

개발 준비 단계에서는 어떤 게임을 만들지 구상한다. 이 단계를 거치면서 어떤 게임을 만들지에 대한 답을 찾고, 구현할 수 있는지, 구현할 가치가 있는지를 확인한다. 여러 가지 아이디어들이 나오고, 아이디어들의 현실성을 검토하는 등 본격적인 개발에 들어가기 전에 큰 그림을 그려보는 단계라고 할 수 있겠다. 프로토타입을 만드는 것도 이 단계에 들어간다. 프로토타입은 아이디어를 구체화하는 방법 중 하나다. 프로토타입을 만들어보고 진행할 만한 가치가 있는지 아닌지 등에 대해서 확인하면서 게임의 형태를 구체적으로 다듬는 것이다.

이 단계에서는 안정적인 작업보다는 생각을 빠르게 현실화하는 것이 필요하다. 문서를 작성할 때도 형식을 갖춘 멋진 문서를 만드는 것보다는 필요한 내용만 간략하게 정리하고 팀원들과 자주 소통하면서 게임의 방향성을 논의하는 것이 좋다. 이 시기에는 아무래도 팀원들 간의 회의가 많아지게 되는데, 회의를 할 때는 반드시 회의의 목적과 시간을 정해놓고 이야기를 하는 게 좋다. 아직 게임의 형태가 명확하지 않기 때문에 제한 없이 이야기하면 회의의 흐름이 주제를 벗어나거나 정리되지 못하고 산만하게 흘러갈 수 있다.

플레이에 관해서 괜찮은 아이디어가 나오면 프로토타입을 만든다.

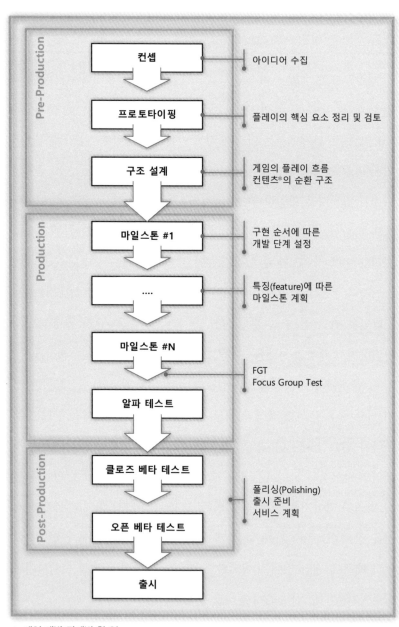

Pre-Production

컨셉	아이디어 수집
프로토타이핑	플레이의 핵심 요소 정리 및 검토
구조 설계	게임의 플레이 흐름 컨텐츠*의 순환 구조

Production

마일스톤 #1	구현 순서에 따른 개발 단계 설정
....	특징(feature)에 따른 마일스톤 계획
마일스톤 #N	
알파 테스트	FGT Focus Group Test

Post-Production

클로즈 베타 테스트	폴리싱(Polishing) 출시 준비 서비스 계획
오픈 베타 테스트	
출시	

▲ 게임 개발 단계별 할 일

게임 디자이너를 위한 문서 작성 기술

프로토타입을 만들면서 완성된 게임의 모습을 계속 상상하고 세부적인 부분까지 어떻게 만들지 다양한 각도로 구상해봐야 한다.

개발 준비 단계가 모두 끝나야 진정으로 개발 일정을 산정할 수 있다. 왜냐하면 이 단계가 끝나면 구체적으로 무엇을 어떻게 만들어야 할지가 결정되기 때문이다. 프로토타입으로 가능성을 검토하고, 어떻게 해야 할지에 대한 구현 방법을 확인하고, 이를 바탕으로 전체적인 게임의 규모와 필요한 기능들에 대한 정리를 다 하는 것이다. 만들 것에 대한 목표가 결정되었고, 팀의 역량도 어느 정도 파악이 되었으니 이제 현실적인 일정을 잡을 수 있다.

---

* 컨텐츠. Contents. 국립국어원의 외래어표기법에 따르면 '콘텐츠'가 맞는 표현이지만 현(재 게임)업에서는 '컨텐츠'라고 더 많이 사용하기에 여기에서는 '컨텐츠'라고 표기하였다.

구현 단계 Production

이제 본격적인 구현에 들어간다. 나는 이 단계를 '닥치고 구현'이라 부른다. 이 과정에서는 내용에 대해서 고민하기보다는 우선적으로 구현하고, 작동하는 결과물을 보는 것이 중요하기 때문이다. 구현이 시작되어 조금씩 움직이는 것이 보이면 조금 더 욕심이 나고, 개선하고 싶은 사항들이 계속 눈에 띄기 마련이다. 하지만 한꺼번에 모든 것을 할 수는 없다. 이 단계에서는 처음에 계획한 결과물을 보는 것이 가장 중요하다. 불확실한 부분은 개발 준비 단계 Pre-Production 에서 이미 다 확인했고, 위험요소도 다 검증했을 것이므로 너무 신중하게 생각하지 말고 구현하는 것에 집중하는 것이 더 효율적이다.

필요하다고 생각했던 부분을 모두 검증했겠지만, 구현 단계에서 예상하지 못한 어려움에 부딪히는 경우도 있다. 문제가 되지 않을 것이라고 생각했지만, 생각대로 되지 않거나 예상한 것과 다른 실망스러운 모습을 보일 수도 있다. 이런 경우에는 문제가 되는 부분을 고민해서 해결하기보다 그 부분을 제외하고 다른 부분을 구현해야 한다. 구현 과정에서 발생한 문제를 해결하기 위해서 다시 고민하고, 수정해서 적용하려면 예상한 일정보다 늦어지고 수정된 부분들에 의해서 다른 부분에서 또 문제가 발생할 수 있기 때문이다. '일단은 예상한 단계까지 결과를 본다'가 구현 단계에서 중요한 목표다. 그래서 '닥치고 구현'에 집중해야 한다.

그렇지만 너무 문제가 많이 발생해서 계속 진행하는 것이 의미가 없다고 판단되면 즉시 중단하고 다시 계획을 세워서 진행해야 한다.

전체적인 게임의 윤곽이 결정되었다고 해도, 그 모든 내용을 한 번에 구현할 수는 없다. 그래서 무엇을 먼저 구현할지를 기준으로 기간을 분배한다. 이것을 보통 '마일스톤 Milestone'이라고 부른다. 마일스톤은 말 그대로 이정표다. 게임을 개발하는 중간에 필요한 지점을 체크하는 것이다. 목표를 정하고, 이전에 구현된 결과를 보면서 다음 이정표를 세운다.

닥치고 구현이라고 했지만, 마일스톤마다 세부적인 단계는 전체 프로젝트 진행과 크게 다르지 않다. 이번 마일스톤에 무엇을 할지 계획을

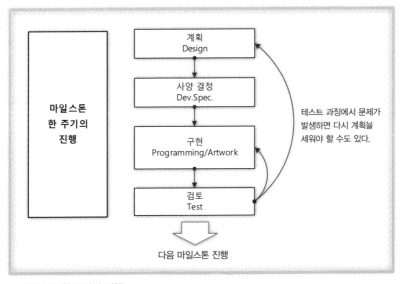

▲ 마일스톤 한 주기의 진행

세우고 구체적인 사양을 결정하고 구현한 다음에 제대로 잘 구현되었는지 확인하고 수정사항이 있으면 수정한 후 다음 마일스톤으로 넘어간다.

마일스톤의 계획은 목표를 세우는 것이다. 그리고 이 목표는 기능을 중심으로 선정된다. 이번 마일스톤에 해야 할 일을 작업 목록으로 만들어서 나열해놓을 수도 있지만, 그보다 단기간의 목표를 설정하고 공유하는 것이 좋다. 예를 들자면 '맵에디터 제작'이라거나 '레이드 전투', '연계 퀘스트의 진행', '상점 거래' 등과 같이 구현할 기능을 정하는 것이다. 목표가 구체적이면 어떤 것을 작업해야 할지도 명확하게 정리될 수 있다.

세부적인 사양을 결정하는 것은 시스템을 어떻게 만들어야 할지 결정한다는 것이다. 개발 준비 단계에서 게임의 명세가 다 결정되었지만, 이것을 어떤 시스템으로 만들어야 할지는 마일스톤 단계마다 결정된다. 처음부터 모두 결정하고 진행할 수도 있지만, 그렇게 된다면 준비단계에 너무 많은 시간을 들여야 해서 오히려 비효율적으로 일이 진행될 수 있다. 그리고 앞서 개발된 기능들과 연계되어 다른 기능들도 구현되기 마련이라 마일스톤이 종료될 때마다 앞서 개발한 내용을 바탕으로 다음에 개발할 기능들의 시스템을 설계한다.

게임 디자이너를 위한 문서 작성 기술

후반 작업 단계 Post-Production

후반 작업은 마무리 단계다. 필요한 기능은 다 구현되어 있고, 세부적인 값들의 조율이나 어색한 부분들을 다듬어서 완성도를 높이는 기간이다.

나는 폴리싱 Polishing 이나 베타 테스트 Beta Test 를 모두 후반 작업으로 분류했지만, 프로젝트의 성격이나 관리 방법에 따라서는 구현 단계로 분류하고, 후반 작업은 출시를 위한 마지막 작업들로 이야기하기도 한다.

이 책에서는 개발에 대해서 중점적으로 이야기하며 개발 완료에 목표를 두고 설명하고 있으므로 개발의 마무리라고 말할 수 있는 단계들을 후반 작업이라고 분류하였다. 후반 작업은 지속적인 테스트를 통해서 부족한 점을 보완하고 사용감을 증대시키면서 출시 전 게임을 다듬는 과정이다.

단계별 관리

큰 규모의 게임을 개발하는 과정은 앞에서 말한 개발 준비 단계, 구현 단계, 후반 작업 단계만으로 진행되지 않는다. 크게는 세 단계로 진행된다고 할 수 있지만 세부적으로 더 나뉘고 구간별로 반복되는 일이 발생한다.

크게 세 가지 단계가 몇 번 반복되는데, 규모가 작은 게임의 경우에는 프로토타입을 하나만 만들 수도 있다. 하지만 필요에 따라 프로토타입을 여러 번 만들기도 한다. 그러면 크게 두 번의 흐름이 겹쳐질 수도 있다.

그리고 모든 파트 – 프로그래머와 디자이너, 아티스트가 같은 단계로 진행하면 중간에 비는 시간이 많아지므로 개발상 효율이 나지 않는다. 그래서 세 단계로 진행되도록 한다고 해도 사실은 약간씩 겹치게 한다. 따라서 마일스톤 전에 무엇이 필요할지 계획을 세우고 준비해둬야 한다.

게임 디자이너가 개발 단계에 대해서 알아야 하는 이유는 각자 자신들이 진행하는 일에 대해 어느 정도 관리해야 할 필요성이 있기 때문이다. 프로젝트의 전체적인 일정은 프로젝트 매니저 Project Manager가 관리하겠지만, 세부적인 항목들, 자신이 맡은 부분에 대한 진행은 게임 디자이너가 관리할 수밖에 없다. 혹은 관리하게 된다. 하나의 기능을 설

게임 디자이너를 위한 문서 작성 기술

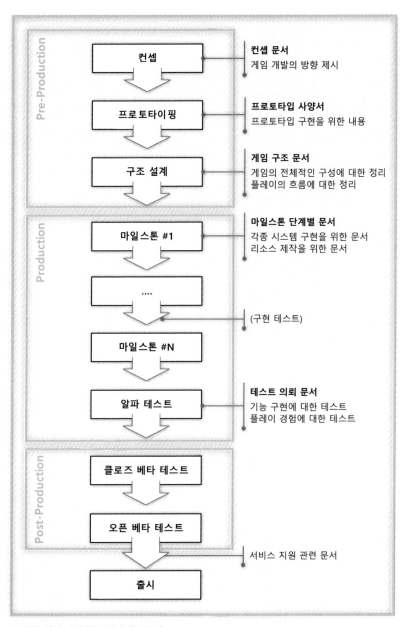

컨셉 — **컨셉 문서**
게임 개발의 방향 제시

프로토타이핑 — **프로토타입 사양서**
프로토타입 구현을 위한 내용

구조 설계 — **게임 구조 문서**
게임의 전체적인 구성에 대한 정리
플레이의 흐름에 대한 정리

마일스톤 #1 — **마일스톤 단계별 문서**
각종 시스템 구현을 위한 문서
리소스 제작을 위한 문서

.... — (구현 테스트)

마일스톤 #N

알파 테스트 — **테스트 의뢰 문서**
기능 구현에 대한 테스트
플레이 경험에 대한 테스트

클로즈 베타 테스트

오픈 베타 테스트 — 서비스 지원 관련 문서

출시

▲ 게임 개발 단계마다 작성되는 문서

계하고, 무엇이 구현되어야 하는지 범위를 결정하고, 계획대로 구현되었으며 차후 문제점은 없는지 검토하는 책임은 일차적으로 게임 디자이너에게 있는 것이다. 그리고 팀의 규모가 작다면, 혹은 팀원들이 모두 경험이 적은 이들이라면 - 예를 들어 학생 프로젝트라면 프로젝트의 진행 관리를 게임 디자이너들이 맡게 되는 경우가 많다. 무엇을 만들어야 하는지, 어떤 것부터 만들어야 하는지에 대해서 큰 계획을 세우는 이가 바로 게임 디자이너이기 때문이다.

그래서 게임 디자이너들은 어느 정도는 프로젝트 관리법을 알고 있어야 하고, 어떻게 프로젝트를 진행할지에 대해서 각자 나름대로의 시나리오를 갖고 있어야 한다. 그렇게 해야 다음 단계를 위한 준비를 할 수 있고, 하나의 단계가 끝났을 때 정리를 하면서 전체적으로 진행되는 상황을 예측할 수 있다.

연습

이미 나와 있는 게임을 하나 선택한 다음 본인이 게임의 개발 일정을 관리하는 프로젝트 매니저Project Manager라고 생각하고 이 게임의 개발을 어떤 순서로 진행하면 좋을지 생각해본다.

가장 먼저 프로토타입을 제작할 것이다. 프로토타입에서는 어떤 기능을 최우선으로 개발할 것인가? 한꺼번에 확인하고 싶은 기능을 다 실증할 수 있을까? 만약 그렇지 않다면 몇 단계의 과정을 거쳐야 할까? 어느 부분까지 확인하면 본격적인 개발을 시작할 수 있을까?

프로토타입 과정이 끝나면 기능을 중심으로 구체적인 계획을 세운다. 한 번에 너무 많은 기능을 구현하는 것은 좋지 않다. 한 단계마다 구체적인 목표를 세우고 그에 필요한 기능을 정리해서 한 마일스톤의 분량을 정한다. 마일스톤이 마감되었을 때 기대하는 결과물은 어떤 모습일지 구체적으로 생각한다. 예를 들면 이런 식이다.

목표
- 스테이지 3개를 이동하면서 힌트를 찾아서 트릭을 풀 수 있다.

필요한 기능
- 서로 연결되는 스테이지를 만든다.
- 스테이지를 디자인할 수 있는 툴을 만든다.
- 스테이지 간의 이동은 포털로 한다. 포털 기능이 필요하다.

- 스테이지는 지형을 만들고, 힌트를 배치할 수 있다.
- 배치하는 힌트는 데이터로 추가/수정이 가능하다.

목표는 가능하면 플레이가 되는 모습을 기준으로 정하면 좋지만, 구현되어야 하는 기능이 너무 많다고 생각되면 쪼개도 된다. 연습할 때는 가능한 한 작은 분량으로 쪼개 진행한다. 이렇게 짧은 기간의 목표를 잡으면 그 기간 동안 작업해야 하는 것과 필요한 리소스의 목록을 만든다. 필요한 문서는 무엇이며, 필요한 그래픽 요소는 무엇인지를 적어보는 것이다. 여기에서 말하는 문서는 문서라는 형식이 중요한 것이 아니라 필요한 내용이 정리되는 것을 말한다. '스테이지 간의 이동이 가능한 플레이'를 구현한다면 구체적으로 있어야 하는 기능이 무엇이며, 스테이지에서 플레이 가능한 범위가 무엇인지를 정리해서 사양을 결정하는 것이다.

하나의 마일스톤을 단위로 준비되어야 하는 것들, 혹은 미리 결정되어야 하는 것들, 구현되어야 하는 기능들을 정리하면서 게임이 완료될 때까지의 작업 순서를 적어보면 개발 일정을 어떻게 관리해야 할지 알 수 있을 것이다. 기능 구현 이전에 준비되어야 하는 내용들이 있으면 언제부터 그것을 준비해야 하는지, 그것을 준비하려면 선행으로 무엇이 결정되거나 기능이 구현되어야 하는지도 볼 수 있다. 개발 순서의 흐름을 크게 보면 개발 과정이 상상이 갈 것이다. 중간중간에 테스트를 위한 일정을 잡는 것도 잊지 말자.

게임 디자이너를 위한 문서 작성 기술

경험이 많지 않으면 개발 과정에 대해서 상상하더라도 구체적인 일정, 특히 기간에 대한 것은 가늠하기 어렵다. 실제적으로 나와 함께 일하는 팀원의 역량에 따라서도 달라지기에 정확한 기간을 예측하기는 쉽지 않다. 일정 관리라고 하면 기간에 대해서 엄격하게 관리해야 할 것처럼 생각하기 쉽지만 더 중요한 것은 일의 순서다. 작업 순서가 명확하고, 앞뒤로 준비되거나 정리되어야 하는 것이 명확하면 효율적으로 시간을 관리할 수 있기 때문에 결과적으로 밀도 있게 개발이 진행될 수 있고, 그러면 기간도 줄어들 것이다. 팀원들에게 구체적인 목표를 제시하고 해야 하는 일들을 명확하게 정리하는 것이 중요하다. 예측할 수 없는 것을 목표로 잡을 수는 없다.

일정 관리를 하면서 너무 많은 상황에 대처하려고 하기보다는 가능한 변수를 줄이면서 프로젝트를 진행하는 것이 좋다. 계획이 구체적이지 않은 상태에서 성급하게 작업에 들어가면 시간에 쫓기게 되고 마음이 급해져서 중요한 것들이 누락될 가능성이 커진다. 전체 계획을 팀원 간에 공유하면 개발 과정을 예측할 수 있으므로 혼란이 줄어들 수 있다.

요약

- 게임 디자이너라면 개발 일정 관리에 대해 어느 정도 알고 있어야 한다.

- 게임이 구현되는 과정을 임의로 나눈다. 임의로 나눌 때는 각 단계별로 목표를 설정한다. 목표는 구체적으로 설정한다. 참여하는 팀원들이 모두 같은 내용을 인지할 수 있어야 한다.

- 구현되는 과정을 나눌 때는 기간보다 순서가 중요하다. 능숙한 개발자라면 기간도 쉽게 예측할 수 있지만, 그렇지 않다면 예측할 수 없는 것에 대한 목표를 잡을 수는 없다.

- 각 단계별로 개발에 들어가기 전에 준비되어야 하는 것의 목록을 작성하고, 개발이 완료된 후 결과물에 있어야 하는 것의 목록을 작성한다. 결과물의 목록은 필요한 파일 목록이 될 수도 있고, 기능의 목록이 될 수도 있다. 이 목록을 공유하는 것으로도 팀원들은 해당 마일스톤 단계에서 무엇을 작업해야 하는지 알 수 있다.

- 각 단계마다 확인하는 일정을 꼭 잡는다. 단순하게는 리소스 확인이 될 수도 있고, 구현된 기능의 테스트일 수도 있다. 여기서 말하는 테스트는 단순히 기능이 동작하는지에 대한 것만은 아니다. 게임의 전체 목표에 부합하는지에 대한 확인일 수도 있다. 테스트를 하면서 팀원들과 게임에 대해서 심도 있는 논의를 할 수도 있다.

- 개발 단계는 비록 짧은 기간이라도 분리되어야 한다. 한편에서는

게임 디자이너를 위한 문서 작성 기술

기능 구현을 하고, 한편에서는 테스트를 하면서 개선방안을 고민해선 안 된다. 생각이 정리되지 않을 수 있고, 진행 과정에서 변수가 너무 많이 발생할 수도 있다.

• 필요한 개발 기간은 한 명이 임의로 잡을 수 없다. 실제로 작업해야 하는 사람들의 의견을 듣고 그들에게 어느 정도의 기간이 필요한지를 물어보라.

• 테스트는 중요하다. 그리고 마무리 단계의 테스트는 오랜 시간이 필요하다는 것을 잊지 말기를 바란다. 게임에서 기능 구현은 전체 개발 단계의 50%라고 생각하자.

제 3 장

컨셉
Concept

어떤 게임을 만들고자 한다면 가장 먼저 컨셉을 결정한다. 컨셉은 게임을 만드는 목표를 제시하며 개발 과정에서 여러 문제가 발생했을 때 어떻게 결정해야 하는지에 대한 지침 역할을 하기도 한다.

   게임을 개발하면서 가장 재미있는 과정을 꼽으라면 아마 많은 개발자들이 아이디어를 구상하고 컨셉*을 정하는 부분이라고 말할 것이다. 컨셉을 잡는 과정은 흰 도화지를 앞에 두고 있는 것과도 같다. 이전 프로젝트에서 아쉬웠던 점을 다시 시도해볼 수도 있고, 전혀 새로운 것을 시도해볼 수도 있다. 아무것도 결정되지 않았지만 무엇이든지 할 수 있을 것 같은 기분이 드는 시기이며, 새로운 시도를 할 수 있는 기회이기도 한 것이다.

   뭐든지 새로 시작할 때가 재미있는 법이다. 뭘 해야 할지 조금은 막막하기도 하지만, 새롭게 시작하는 시기라서 팀원들과 좋아하는 게임에 대해서 하루 종일 이야기하기도 하고, 벤치마킹이 필요한 게임을 하루 종일 플레이하기도 한다. 기존 게임의 장단점을 논의하고 단점을 어떻게 극복하는 게 좋다거나, 장점의 방향을 바꿔서 새로운 플레이를 만들 가능성에 대해서 이야기한다.

   한편으로는 뭐든지 할 수 있는 가능성이 열려 있는 시기이기도 하다. 이제 막 만들어진 팀원들과 함께 어떤 게임을 만들지, 어떤 것이 재미있는지 끊임없이 이야기하고, 참고할 만한 게임을 열심히 플레이해보면서 새로운 게임을 만들고 출시 과정과 이후의 험난한 과정을 거치고

---

* 컨셉. Concept. 국립국어원의 외래어표기법에 따르면 '콘셉트'가 맞는 표현이지만 현업에서는 '컨셉'이라고 더 많이 사용하기에 여기에서는 '컨셉'으로 표기하였다.

나면 나의 모든 기운이 소진된 것처럼 느껴지기도 하지만, 새로운 팀에 가서 새로운 컨셉을 잡고 있으면 게임을 만드는 일이 얼마나 재미있는지를 다시 깨닫게 된다. 아마 대부분의 게임 디자이너들이 그렇지 않을까?

게임 디자이너를 위한 문서 작성 기술

아이디어와 컨셉

새로운 게임을 만들기 위해서는 새로운 생각이 필요하다. 하나의 게임을 만들기 위해서는 여러 아이디어를 모아야 하고 무엇이 재미있을지를 고민한다. 플레이의 요소들이 연결되어 어떤 재미를 만들 수 있을지를 생각하고, 플레이가 진행되는 과정에서 플레이어가 무엇을 경험하고 느끼게 하고 싶은지를 결정한다. 이렇게 컨셉이 정리된다.

경험이 적은 이들이 잘못 생각하는 것 중 하나는 아이디어와 컨셉이 같다고 여기는 것이다. 아이디어가 아직 정리되지 않은 생각들의 파편이라면, 컨셉은 아이디어들을 정리해서 목표를 세운 것까지 진행된 단계라고 할 수 있다. 여러 생각을 늘어놓은 다음, 그중에 중심으로 삼을 것을 정해서 세우고, 그에 어울리는 다른 아이디어들을 가감하여 하나의 게임을 만드는 것이다.

여기서 중요한 것은 중심이 있다는 것이다. 그 중심이 바로 컨셉이고, 게임 개발의 목표가 될 것이다. 새로운 게임을 구상했을 때, 어떤 게임인지 한 문장으로 설명할 수 있는 것 - 그것이 바로 컨셉이다. 물론, 모든 게임이 간단하게 설명할 수 있는 것은 아니다. 여기에서 핵심은 '짧은 문장'이 아니라 목표가 명확하다는 것이다. 컨셉이란 게임 프로젝트의 목표다.

최종적으로 무엇을 지향할 것인가?

□ 긴박함과 박진감 있는 플레이

□ 다양한 몬스터

□ 수수께끼를 풀어야 하는 퍼즐

이런 표현은 컨셉이라고 할 수 없다. 컨셉은 일종의 프로젝트에서 이정표라고 할 수 있다. 우리가 만들고자 하는 게임이 지향하는 것을 말한다. 그래서 여러 아이디어들이 충돌할 때 선택에 있어서 우선순위를 결정하기 위한 기준이 된다. '재미있는 게임'을 만들겠다는 것은 모든 게임 개발자들의 희망이지만 이것이 구체적인 기준을 제시해주지는 않는다. 일견 멋지게 보이지만 구체적인 설명을 해주지 않는 표현들은 너무 막연해서 사람들의 생각을 모을 수 없다.

'다양한 몬스터'가 과연 뭘까. 다양한 외형? 다양한 전투 플레이? 다양한 스킬? '다양한'이라는 말은 아무것도 설명해주지 못한다. 너무 함축적이어서 이 말을 듣는 사람들은 각자 자신들이 하고 싶은 생각들을 할 테니까. 그러면 '다양한 전투 플레이를 가진 몬스터들'이라고 하면 좀 더 괜찮을까? 애석하지만 이것 역시 듣는 이들에게 구체적인 설명을 해주지는 못한다.

어떻게 해야 할지 모르겠다면, 게임의 일부분을 자세하게 상상해보라. 다 만들어진 게임은 어떤 플레이가 펼쳐질까. 배경은 어떠하고, 플레이어의 캐릭터는 어떻게 움직이며, 몬스터들은 어떻게 싸우게 될까. 만약 게임 플레이를 상상할 수 없다면, 애석하지만 아직 여러 아이디어들이 떠다니고 있고, 컨셉을 무엇으로 할지 결정되지 않은 것이다. 비어 있는 부분들을 채워서 한 장면을 완성해라. 그다음 그 장면의 플레이가 재미있을지를 상상해보자. 재미있는가? 어떤 점이? 만약 재미있지 않다면, 다시 새로운 플레이를 만들자. 원래 한 번에 재미있는 것을 만들기는 어려운 법이다. 만약, 재미있다면? 구체적으로 어떤 부분이 재미있을지를 설명할 수 있는가? 그렇다면 바로 그것이 컨셉이다.

결국, 게임은 즐거움을 위해서 하는 것이다. 그리고 게임의 컨셉이라는 것은 게임의 어떤 부분, 어떤 플레이가 재미있느냐를 설명하는 것이다. 바로 게임의 핵심 재미다.

'어떤 게임을 만들까'라고 물으니 '몬스터들과 전투를 하고, 아이템을 모아서 필드의 보스를 사냥하면서 성장하는 게임'이라고 답한 경우가 있었다. 이것은 평범한 RPG게임에 대한 설명이다. 게임에 대한 설명이라고는 할 수 있겠지만, 과연 이게 재미있을까? 재미가 있다면 어떤 재미가 있을까? 일반 몬스터들과의 전투, 아이템의 수집, 필드 보스와의 전투 중 가장 재미있는 부분은 어떤 것일까? 그리고 플레이의 목표는? 게임 내에서 플레이할 것이 많다고 게임이 재미있는 것은 아니다. 물론, 게임 내의 요소들이 부드럽게 연결되는 것은 필요하다. 플레이의 흐름이 끊기지 않고 익숙한 것에 지루해지기 전에 새로운 플레이 요소나 새로운 도전의 목표가 생겨야 게임을 지속적으로 플레이할 수 있다. 하지만 플레이 요소가 많다고 해서 그 게임이 재미있다고는 할 수 없다.

그래서 플레이의 요소들 중에서 어떤 것에 핵심 재미 요소를 넣을 것인지를 고민해야 한다. '다양한 전투'가 좋은 컨셉이라고 말할 수 없는 이유도 이와 같다. 전투의 종류가 많다고 해서 게임이 재미있는 것이 아니다. 그 종류가 어떤지에 따라 게임이 재미있느냐 아니냐가 결정될 것이다.

그리고 명심해야 할 것이 하나 더 있다. 게임 디자인의 목표 - 핵심 재미 요소와 플레이의 목표가 항상 같은 것은 아니라는 것이다. 일반 몬스터들을 사냥하고, 아이템을 습득해서, 필드 보스와 전투를 한다는 플레이의 흐름에서 필드 보스와의 전투가 플레이의 목표이지만, 일반 몬스터들을 사냥하는 것이 가장 재미있는 플레이 부분일 수도 있다. 혹은, 다른 게임들과 강한 차별점을 갖고 있을 수도 있다. 그렇다면 게임의 컨셉은 일반 몬스터의 사냥 부분에 맞춰져 있을 것이다.

게임 디자이너를 위한 문서 작성 기술

컨셉 문서의 작성

컨셉이 정리되었다면, 이제 이 컨셉을 팀원들에게 설명해야 한다. 그러기 위해서는 아직 구체적인 게임의 형태를 설명할 수 있는 단계는 아니지만 우리가 어디서부터 시작해야 하는지 설명하는 문서가 필요하다. 이 문서에는 다음의 세 가지가 담겨야 한다.

□ **게임 컨셉**
□ **핵심 재미 요소**
□ **게임의 간략한 설명**

먼저 게임의 컨셉은 가능한 간략한 문장으로 표현하는 것이 좋다. 그렇지만 문장을 간결하게 만들기 위해서 너무 막연한 표현이 들어가도 좋다는 의미는 아니다. 앞에서 이야기했듯이 '박진감 넘치는'이라거나 '다양한', '혁신적인' 식의 표현은 좋지 않다. 왜냐하면 이것은 게임을 구체적으로 설명해줄 수 없기 때문이다. 이런 단어를 사용하고 싶다면 좀 더 자세한 설명을 덧붙이는 게 좋다. 가장 좋은 문장은 그 문장을 듣고 어떤 게임인지 연상할 수 있는 것이다. 컨셉이 뚜렷하고, 다른 게임들과 차별화될수록 그런 문장을 만들기가 좀 더 수월해진다. 만약 그렇지 못하면 애석하게도 한 문장으로 설명할 수는 없고 좀 더 추가로 설명해야 한다. 명심할 것은 핵심과 그렇지 않은 것을 구별해서 설명해야 한다는 것이다. 모든 것을 설명하려면 뭐가 핵심인지 알기 어렵고, 너무 간결하게 설명하면 일반적인 말이 될 수 있어서 어떤 게임인지 이해하기 어려울 수 있다.

　게임의 핵심 재미 요소인 어떤 플레이가 중심인지 그 플레이를 위해서 무엇을 강조해야 하는지도 설명해야 한다. 핵심 재미 요소는 말로 설명하기에 어려운 경우가 많은데, 다소 감각적인 부분을 표현하는 경우도 있기 때문이다. 논리적인 부분이 핵심이라면 그나마 말로 설명할 수 있지만 주로 퍼즐 게임 같은 경우가 이러하다. 게임의 규칙 안에 들어가 있는 경우가 많기 때문이다. 감각적인 부분은 말로 표현하는 것에 한계가 있고, 보여주기 전에는 이해시키기 어려울 수도 있다. 하지만 그럼에도 불구하고 문서에 명시를 해주는 것이 좋은 이유는 목표를 명확하게 할 수 있기 때문이다. 특히 여러 가지 요소가 들어가는 게임이라면 다양한 플레이 방식 중에서 게임의 핵심 플레이가 무엇인지 알려줄 수 있고, 그러면 그것을 살리기 위해서 어떤 부분을 보강해야 하는지 팀원들로부터 여러 제안을 받을 수 있다.

　마지막으로 간략한 게임 설명을 덧붙인다.

　컨셉 문서는 게임 개발을 하면서 가장 먼저 쓰는 문서이기 때문에 그 용도가 다양하기에 하나의 문서로 모든 용도를 충족시키기는 어렵다. 만약 컨셉 문서가 개발팀을 위한 것이라면 게임의 본질적인 설명에 충실한 게 다른 개발팀원들이 이해하기 좋다. 대략적인 프로그램 구조를 생각할 수 있거나 아트 컨셉을 잡을 수 있는 내용이 들어가면, 다른 파트의 개발자들은 자신의 역할에서 어떤 방향을 추구해야 하는지 짐작할 수 있다.

만약, 개발팀이 아닌 투자를 위한 문서라면 개발자들이 기대하는 것과는 조금 다른 내용이 필요하다. 개발팀을 위해서는 게임의 플레이 요소라거나 핵심 재미 요소라거나 우리가 기준 잡아야 하는 것들이 어떤 것들인지 설명하면 된다. 하지만 외부에서는 다른 게임들과 차별화되는 내용이 무엇이고 시장에서 어떤 경쟁력을 갖는지, 게임을 시작하는 플레이어들이 초반에 게임을 포기하지 않고 일정 시간 플레이를 유지하게 하기 위해서 초반 플레이 구간을 어떤 전략을 가지고 디자인하고 있는지 등을 궁금해할 것이다. 게임의 수익모델과 매력적인 부분들을 설명해서 얼마나 수익이 발생할 수 있을지에 대한 기대를 불러일으키는 것도 중요하고, 양적으로 얼마나 풍부한 플레이 요소를 만들 수 있거나 만들 계획이 있는지를 설명하는 것도 의미가 있다. '다양한' 캐릭터를 수집할 수 있다는 말은 막연하다. 구체적으로 '1,200종의' 캐릭터를 수집할 수 있다는 내용은 그 게임만의 광고 전략이 될 수도 있다.

연습

 이미 출시된 게임을 참고해서 컨셉 문서를 작성해본다. 비슷한 게임을 여러 개 놓고 각각의 게임 컨셉을 정리한 다음, 어떤 컨셉이 어떤 게임과 연결되는지를 확인해본다. 만약 내가 정리한 컨셉 하나가 대상이 되는 게임에 모두 적용된다면, 나는 컨셉을 잡지 못하고 있는 것이다. 새로운 컨셉을 구상한다면, 게임의 목표가 무엇인지를 적고, 그 목표를 이루기 위해서 어떤 플레이가 진행되는지를 설명해본다. 플레이 과정이 게임의 목표와 자연스럽게 연결된다면 괜찮은 컨셉을 정한 것이다.

 가장 좋은 것은 컨셉만 이야기해도 어떤 플레이가 진행될지 듣는 이들이 구체적으로 상상할 수 있는 것이지만, 좋은 컨셉은 좋은 아이디어만큼이나 잡기 어렵다. 좋은 컨셉을 정하는 것보다는 일단 컨셉이 있어야 하며, 게임의 플레이가 컨셉과 어울리도록 전체적인 모습을 구상하는 연습이 필요하다. 그리고 게임 플레이 장면을 구체적으로 설명할 수 있어야 한다. 컨셉을 정하는 것은 어떤 플레이를 만들어야 하는지도 구체화되었다는 것이다. 아이디어가 컨셉이 아니라는 것을 명심하자.

게임 디자이너를 위한 문서 작성 기술

요약

- 컨셉은 게임 개발의 목표다.
- 개발팀원이 모두 컨셉에 대해서 이해하고 있어야 같은 목표를 갖고 게임을 만들 수 있다.
- 문서를 보고 게임의 플레이를 연상할 수 있다면 좋은 문서다.
- 좋은 컨셉은 길지 않은 문서로도 내용을 전달한다. 컨셉이 명확하지 않을수록 설명이 많아진다.
- 컨셉 문서에 핵심 플레이에 대한 설명을 추가하면 읽는 이들이 게임을 이해하기가 좋다.

개발자들을 위한 컨셉 문서

컨셉 문서는 가능한 한 짧고 간략하게 쓰는 게 좋지만, 플레이 요소가 많은 게임은 전체적인 규모를 예측할 수 있도록 게임 내의 컨텐츠들이 어떻게 연계되어 플레이가 되는지에 대한 설명도 들어가는 것이 좋다. 하나라도 빠지면 게임의 플레이가 진행되지 않기 때문에 관련된 내용을 조금씩 언급하면서 설명하였다. 컨셉 문서를 작성하기 위해서는 먼저 게임 플레이에 대해서 구체적으로 생각이 정리되어 있어야 한다.

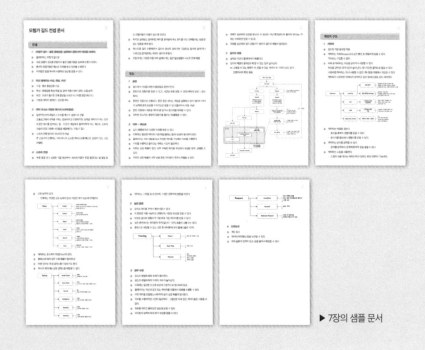

▶ 7장의 샘플 문서

게임 디자이너를 위한 문서 작성 기술

모험가 길드 컨셉 문서

컨셉

1 모험가 길드 : 좋은 용병감을 섭외해서 훈련시켜 파견을 보낸다.

➡ 플레이어는 모험가 길드장

➡ 새로 모험가 길드를 만들어서 좋은 모험가들을 섭외해서 훈련시킨다.

➡ 훈련된 모험가들은 퀘스트 의뢰를 받고 임무를 수행한다.

➡ 의뢰받은 일을 무사히 수행하면 보상을 받을 수 있다.

2 주요 플레이는 수집, 육성, 파견

➡ 수집 : 좋은 용병감을 수집

➡ 육성 : 용병감을 육성/레벨 업, 장비 착용(+장비 강화), 스킬 습득

➡ 파견 : 의뢰가 들어온 곳에 용병을 보내고 수고비를 받음(퀘스트)

➡ 기본은 캐릭터 컬렉션 + 성장형 RPG

3 재미 요소는 다양한 퀘스트(스토리텔링)

➡ 일반적인 RPG게임의 스토리를 퀘스트 설명으로 전달
프롤로그에서 세계를 구하는 영웅이라고 진행하지만, 실제로 캐릭터가 하는 것은
도망간 돼지를 잡아오는 일 - 이것이 게임에서 플레이하게 되는 퀘스트 스토리,
마을의 온갖 다양한 사건들을 해결해주는 '모험가' 길드

➡ 스토리 진행 방식의 시나리오가 아님
큰 스토리가 진행되는 식이 아니라 소소한 에피소드들(퀘스트 설명)이 있는 스토
리텔링

4 스토리 컨셉

➡ 부푼 꿈을 안고 상경한 시골 청년부터, 세속에 찌들어 돈을 벌겠다는 별 볼일 없

는 모험자들이 모험자 길드에 모였다.

→ 하지만 실제로는 잃어버린 돼지를 찾아달라거나, 편지를 대신 전해달라는 보잘것 없는 일들을 하게 된다.

→ 퀘스트를 많이 수행하면서 길드의 명성이 올라가면 고블린을 물리쳐 달라거나 드래곤을 잡아달라는 의뢰도 들어오게 된다.

→ 모험가라는 거창한 이름 아래 실제로 하는 일은 일상생활의 사소한 문제 해결

개요

1 훈련

→ 필드에서 사냥을 하면서 용병들을 훈련시킨다.

→ 훈련으로 경험치를 얻을 수 있고, 시간당 돈을 얻을 수 있다(캐릭터 성장 + 골드 획득).

→ 훈련은 자동으로 진행되고, 훈련 중인 파티는 게임을 실행하고 있지 않아도 파티 의 능력에 맞게 보상을 지속적으로 얻을 수 있다(클리커식 자동 사냥).

→ 훈련 과정에서 새로운 캐릭터를 얻거나 몬스터를 포획할 수 있다.

→ 포획한 몬스터는 용병의 경험치를 올리는 데 활용할 수 있다.

2 의뢰 – 퀘스트

→ 길드 레벨에 따라 다양한 의뢰를 받을 수 있다.

→ 의뢰에는 필요한 파티의 수준(레벨/클래스 등)과 보상이 명시되어 있다.

→ 플레이어는 의뢰 내용을 보고 적당한 파티를 구성해서 의뢰를 수행한다.

→ 의뢰를 수행하고 돌아오는 데에는 시간이 필요하다.

→ 의뢰는 성공 확률이 있다. 너무 부족한 파티를 구성해서 보냈을 경우, 실패할 수 있다.

→ 의뢰의 성공 확률이 너무 낮을 경우, 파티원이 죽거나 전멸할 수 있다.

게임 디자이너를 위한 문서 작성 기술

- 의뢰가 성공하면 보상을 받는다. 이 보상은 사냥 훈련보다 더 좋아야 한다(ex. 가챠는 의뢰로만 얻을 수 있다).
- 의뢰를 성공하면 길드 경험치가 쌓이고 길드의 레벨이 올라간다.

3 길드의 레벨

- 실제로 이것이 플레이어의 레벨이다.
- 길드의 레벨이 올라갈수록 할 수 있는 일이 늘어난다.
  ex. 고용할 수 있는 용병의 수, 받을 수 있는 의뢰의 수, 의뢰의 난도 증가,
  인벤토리의 확장 등등

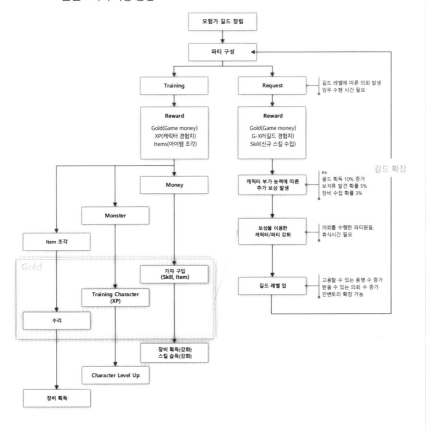

게임의 구조

1 캐릭터

➡ 길드의 가장 중요한 자원

➡ 캐릭터는 의뢰(Request)나 실전 훈련 중 랜덤하게 얻을 수 있다.
가챠로는 구입할 수 없다.

➡ 의뢰 중 캐릭터는 부상을 당하거나 사망할 수 있다.
부상을 당하면, 대기시간이 늘어난다. 대기시간은 물약으로 줄일 수 있다.
사망하면 캐릭터는 다시 사용할 수 없다. 캐시템을 이용해서 되살릴 수 있다.
캐릭터가 사망하면 캐릭터가 장착하고 있던 장비/스킬도 모두 사라진다.

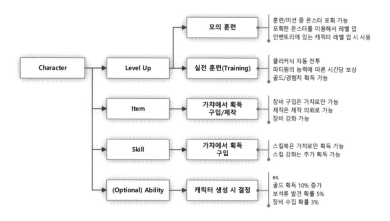

➡ 캐릭터는 레벨을 갖는다.
- 훈련을 통해서 경험치를 얻을 수 있다.
- 몬스터를 합성해서 경험치를 얻을 수 있다.

➡ 캐릭터는 장비를 장착할 수 있다.
- 장비를 장착해서 공격력/방어력 등을 올릴 수 있다.

➡ 캐릭터는 스킬을 사용한다.
- 스킬의 사용 개수는 캐릭터마다 다르다. 최대 3개까지 가능하다.

➡ 고유 능력이 있다.

　－ 전투와는 무관한 고유 능력이 있다. 이것은 추가 보상과 연계된다.

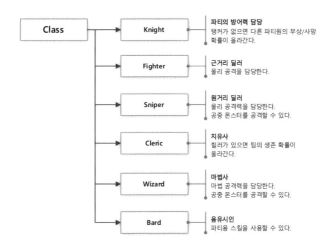

➡ 캐릭터는 총 6개의 직업(Class)이 있다.

➡ 클래스에 따라 임무 수행 확률이 달라진다.

➡ 어떤 임무는 특정 클래스를 지정하기도 한다.

➡ 하나의 파티에는 같은 클래스를 배정할 수 없다.

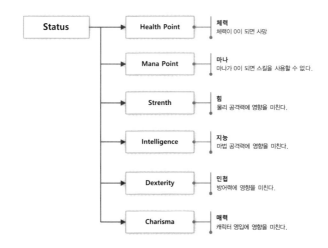

➡ 캐릭터는 스탯을 갖고 있으며, 스탯은 전투력에 영향을 미친다.

2 실전 훈련

➡ 임의로 파티를 꾸려서 훈련시킬 수 있다.

➡ 이 훈련은 자동 사냥으로 진행되며, 시간당 보상을 얻을 수 있다.

➡ 보상은 골드와 경험치가 기본이며, 가끔 캐릭터를 얻을 수 있다.

➡ 실전 훈련에서는 파티원이 죽지 않는다 - 단지, 효율이 나쁠 수는 있다.

➡ 훈련으로 세팅할 수 있는 것은 한 파티뿐이다(각 클래스별로 1인씩).

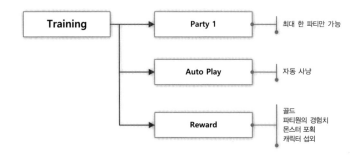

3 임무 수행

➡ 길드의 레벨에 따라 의뢰가 들어온다.

➡ 길드의 레벨에 따라 의뢰의 개수가 늘어난다.

➡ 의뢰에는 필요한 조건과 보상이 기본적으로 명시되어 있다.

➡ 플레이어는 자신이 갖고 있는 캐릭터를 조합해서 의뢰를 수행할 수 있다.

➡ 어떤 파티를 조합했느냐에 따라 일의 성공 확률이 명시된다.

➡ 의뢰를 수행하려면 시간이 필요하다 - 그동안은 의뢰 중인 캐릭터들은 사용할 수 없다.

➡ 의뢰를 마치고 돌아오면 보상을 얻을 수 있다.

➡ 파티원의 능력에 따라 추가 보상을 얻을 수 있다.

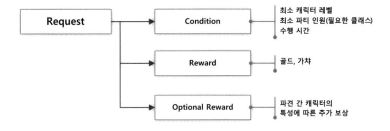

4 인벤토리

➜ 개인 창고

➜ 캐릭터/아이템/스킬을 보관할 수 있다.

➜ 최대 슬롯이 정해져 있고, 돈을 들여서 확장할 수 있다.

게임의 내용보다
개발 방향을 공유하기 위한 컨셉 문서

개발팀을 위한 것이라기보다는 외부에 게임을 소개하기 위해서 작성된 문서다. 따라서 게임 플레이에 대한 내용보다는 게임이 어떻게 보일지에 대한 설명이 더 많다. 또한 다소 형식적인 설명도 추가되어 있다. 이런 문서의 경우, 텍스트 중심의 문서보다는 프레젠테이션 형식으로 더 많이 작성된다.

▶ 5장의 샘플 문서

게임 디자이너를 위한 문서 작성 기술

Nulpanzi Dream Concept

[널빤지의 꿈] 컨셉 문서

Project

1 **Name : Nulpanzi**

➡ 영문명 : Nulpanzi

➡ 한글명 : [널빤지] 혹은 [널빤지의 꿈]

2 **Genre : Card Game**

3 **No. of Players : 1~4(Including AI)**

   - AI 포함

4 **Main Target : 20~30**

   - 대학생을 중심으로 20대 초반에서 30대 초반까지

Game Personality

➡ 게임 내부적으로 볼 때, 카드만으로 게임이 진행된다.

➡ 턴 방식 게임이다.

➡ 점수로 순위가 결정된다.

➡ AI와 하더라도 상대가 있어야만 게임을 할 수 있다.

➡ 2개 이상의 전략이 나올 수 있다 : 전략성을 가진다.

➡ 룰이 간단하며 쉽게 익힐 수 있다.

➡ 한 게임당 많은 시간을 필요로 하지 않는다(권장 예상시간 7분).

Rule Summary

➡ 각 플레이어는 Line이 그려진 카드를 5장씩 갖고 있고, 자기 차례가 되면 5장
  의 카드 중 하나를 바닥에 내려놓는다.
  - 카드에 그려진 Line들은 서로 같은 색의 Line끼리만 연결된다.
  - Line이 완성되면 점수를 계산하고, 완성된 Line이 속해 있는 카드는 제거된다.
  - 일정 점수를 먼저 낸 플레이어가 승리한다.

User Interface

➡ Main Window에서 기본 버튼(최소화, 최대화, 닫기)은 우측 상단 모서리에 위
  치하여 Window의 기본 위치와 동일하게 가져간다.

➡ 이미지와 함께 보이는 버튼들은 모두 영문으로 표기하며, 그 외의 버튼들도
  가급적 영문으로 표기한다.

➡ 버튼들은 가급적이면 텍스트도 표기한다 : 텍스트 크기는 작아도 무방하다.
  ** 아주 보편적이어서 누구나 다 아는 기능들은 이미지 아이콘만으로도 버튼을 보여줄
  수 있지만, 그렇지 않은 경우는 버튼에 대한 설명으로 텍스트가 들어갔으면 합니다. 하
  지만 텍스트 중심의 버튼이 되지는 않았으면 좋겠습니다.

➡ 2개 이상의 Main Window에서 보이는 기능들은 위치를 통일한다.
  ** Exit, MyNote 등등 Main Window에서 여러 번 보이는 기능들의 위치는 Window
  마다 변경되지 않도록 하겠다는 의미입니다.

➡ 가능하면 마우스만으로 모든 조작이 가능하게 한다.

➡ 유저의 정보가 보이는 부분들에서 아이디와 닉이 길다면 부분적으로 생략할
  수 있지만 절반 이상이 생략되어서는 안 된다(기준 : 닉 4글자, 아이디 8글자).

➡ 로고는 가급적이면 모든 화면에서 보여야 하지만 반드시 넓은 영역을 차지할
  필요는 없다.

- 채팅 입력 부분이 있는 모든 곳에는 '신고' 버튼이 존재한다(메모, 채팅, 1:1 채팅 등)
- 게임방에서 게임이 진행되는 부분(Board)과 유저의 액션이 이루어지는 부분(UI)의 영역을 가급적 분리한다.
- 유저의 액션이 자주 일어나야 하는 부분은 한쪽 영역으로 몰아주며, 가급적이면 우측 하단에 위치하도록 한다.

Graphic

1 Graphic Concept

- 밝고 동화적인 분위기
    - 일러스트 같은 회화적 분위기
    - 동화책 삽화의 느낌
- 이면에 숨은 의미들
    - 화면에 보이는 그대로가 아닌 약간의 숨은 의미들을 준다.
    - 각 캐릭터들에게 상징을 부여한다.
- Classic
    - 너무 간단한 이미지보다는 장식을 넣어서 테마를 강하게 표현한다.
    - 1800년대의 동화 삽화 분위기(ex. 존 테니얼의 일러스트*)
    - 고전적인 분위기를 살리는 장식을 사용해서 아날로그적 감성을 표현한다.
- Keyword : [유쾌하고 재미있는 동화]
    - Wit : 가볍고 재미있는 효과 등을 표현
    - Puzzle : 보이는 그대로의 이미지가 아닌 숨은 의미들을 부여한다.
    - Merchen : '이상한 나라'답게 환상적인 분위기를 연출한다(ex. 혼자 걸어다니는 석상).

---

* 존 테니얼(John Tenniel) : 「이상한 나라의 앨리스」의 삽화가

2 Theme

- 하트 여왕의 마법 정원(『이상한 나라의 앨리스』에서)
  - motive : 하트 여왕의 정원에서 장미꽃을 칠하고 있는 카드 병정들
  - 권위적이고 위압적인 여왕과 눈앞에서만 복종하는 병정들
  - 중세 유럽의 분위기
  - 정원, 마법, 성
- Character
  - 군집의 특징이 나타나는 캐릭터
  - 캐주얼 게임의 캐릭터답게 귀여운 이미지를 갖도록 한다.
  - 『이상한 나라의 앨리스』의 '카드 병정'의 이미지를 가져와서 캐릭터로 구현한다.
- Card
  - 널빤지에 페인팅된 모습으로 표현한다.
  - 배경(Board)과 뚜렷한 구별이 필요하다.
  - 카드 간의 구별보다는 카드 내의 라인 구별이 더 중요하다.

Sound

1 Sound Concept

- BGM : 기본 배경음
  - 행진곡풍의 가벼운 분위기
  - 가볍지만 세련된 분위기
  - 다양한 상황에서 사용 가능한 음악으로 흥겨운 진행곡
  - 소리에 공백이 있지 않도록 하고 루프 진행이 가능하도록 제작
- Channel Select, Room Select : 대기실
  - 게임 시작 전의 분위기 고조

- 드럼 등의 타악기 위주. 음율보다는 리듬감 중시
- 귀여운 캐릭터들이 악기를 연주하는 느낌

➡ Game Play : 게임 진행

- 클래식 음악의 분위기
- 오케스트레이션으로 게임의 전체적인 느낌을 잡는다.
- 다양한 악기가 사용되는 듯한 풍부한 음감
- 게임의 상황은 가볍고 귀여운 리듬으로 표현한다.
- 실로폰, 마림바, 비브라폰, 트라이앵글 등의 가벼운 터치감으로 게임 상황
  을 표현한다.

제 4 장

———

프로토타입
Prototype

게임의 핵심 플레이 요소를 검토하기 위해 가장 먼저 만드는 것이 프로토타입이다. 이것은 단순히 동작하는 모습을 보기 위함이 아니라 생각이나 문서만으로는 판단할 수 없는 것들을 확인하기 위한 목적이 있다. 이 부분까지는 게임의 컨셉을 잡는 단계이며, 아직은 어떤 게임을 만들지 확정된 것이 아니다.

은주전자 만들기

　학창시절, 수업의 과제물로 은주전자를 만들어야 할 일이 있었다. 과제의 내용은 식기 Table Wear 를 만드는 것이었고, 화려한 조형미가 있는 것을 만들고 싶었던 나는 밋밋해 보이는 접시보다는 주전자가 멋질 것이라고 생각했다. 당연히 평범한 주전자보다는 좀 더 특이한 모양을 만들고 싶었고, 이것저것 생각나는 대로 스케치를 해보다가 가장 마음에 드는 것을 기반으로 모형을 만들었다. 모형을 제작하기 위해 공업용 압축 스티로폼을 사용했고, 이것은 말 그대로 모형 Mock Up 으로 전체가 한 덩어리로 되어 있었기 때문에 주전자의 기본 기능 – 제대로 서 있을지, 물은 잘 따라질지, 뜨거운 물을 넣었을 때 손잡이를 잘 잡을 수 있을지 등 실제로 사용할 때의 느낌은 확인할 수 없었다.

　모형을 기반으로 금속판을 어떻게 가공하는 게 좋을지 고민해서 도면을 그리고, 동판을 가공해서 실물 주전자를 만들었다. 내가 생각한 주전자는 바닥이 평평하지 않고 둥근 형태여서 모양을 잘 계산하지 않으면 똑바로 서 있기 어려웠고, 주둥이가 평범한 주전자들과 비교해서 기형적으로 길어 주둥이의 끝부분이 물을 따를 때 물이 주전자 벽을 타고 흘러내릴 것 같아서 쓸모 있는 주전자를 만들기 위해서 정확한 형태의 구조를 결정해야 했다. 그래서 동판으로 주전자의 모양을 만들어서 좋은 각도와 굴림을 결정하고, 금속판을 어떻게 가공하는 게 좋을지를 참고했다.

은은 비싼 금속이었기 때문에 실패의 위험이 있는 작업에 함부로 사용할 수 없었다. 그리고 동주전자는 정교하게 만들지 않아도 되므로 짧은 시간 안에 만들 수 있어서 구상한 모양이 현실적으로 구현 가능한지에 대해서 빠른 검토가 가능했다. 본격적으로 은을 가공하기 전에 좀 더 싸고 빠르게 주전자를 만들어봄으로써 필요한 자료를 얻은 것이다. 둥근 바닥이 무게중심을 잡고 제대로 서 있을 수 있도록 각도를 조절하고, 손잡이 모양을 변형시켜서 보조적인 받침대 역할을 할 수 있도록 했으며, 안정적으로 물을 따를 수 있도록 주둥이의 모양을 변형시켰다. 그래서 시행착오 없이 은판을 낭비하지 않고 주전자를 만들 수 있었다.

이 과정에서 동주전자를 만든 것이 프로토타이핑이다.

게임 디자이너를 위한 문서 작성 기술

프로토타입의 목적

프로토타입은 본격적인 구현에 들어가기 전에 무엇을 어떻게 만들어야 하는지를 고민하며 머릿속에서 생각했던 것을 구체화하고 플레이가 가능하도록 구현해서 상상했던 게임 플레이의 느낌, 조작성 등을 가시화하는 과정이다. 동작하는 게임을 보고, 생각한 부분의 약점이나 강점을 파악하고, 구현을 위한 구체적인 데이터들을 얻을 수 있다.

프로토타입을 만드는 것은 동작하는 게임을 볼 수 있다는 것으로도 큰 의미가 있다. 처음 게임을 구상하는 시점에는 각자가 자신의 머릿속에 있는 게임을 이야기한다. 당연히 팀의 모든 구성원이 같은 생각을 한다고 보장할 수 없고, 자신의 경험과 취향을 바탕으로 새로운 게임을 상상한다. 이미 출시된 게임들을 예로 들어서 설명할 수도 있겠지만, 누군가의 머릿속 생각을 그대로 이해하는 것은 쉽지 않은 일이고 과연 나와 같은 생각을 하는지도 확신할 수 없다. 새로운 개념의 게임을 만들고자 한다면, 게임에 대한 설명을 다른 동료들이 이해하는 것도 어려울 수 있다. 이런 경우는 어떻게 진행되는지 직접 보여주는 게 가장 확실하면서도 빠른 방법이다. 그래서 직접 플레이할 수 있는 버전을 만들어서 어떻게 진행되는 게임인지 확인하는 것이다.

프로토타입을 만드는 또 다른 이유는, 프로젝트에 대해서 현실적인 검토를 할 수 있다는 것이다. 플레이가 가능하도록 만드는 것이므로 내가 생각했던 대로 플레이가 진행될지 확인해볼 수 있다. 그럴듯하게 생각되었지만 현실은 생각하던 것과는 다르다거나, 때로는 생각하지 못했던 부분이 의외로 재미있어서 처음과는 다른 방향으로 시각이 전환되기도 한다. 이런 부분은 경험이 쌓이면 오차범위가 점차 줄어들어서 생각한 내용과 결과물의 간극이 점점 줄어든다.

플레이할 수 있는 게임을 만들어보면 과연 생각했던 대로 구현을 할 수 있을지에 대한 것도 예측할 수 있다. 제한된 유닛을 이용해서 길을 만들어 나가는 퍼즐 게임이라고 할 때, 내가 생각한 유닛들로 길을 만들 수 있을지, 그 과정에서 게임의 긴장감이 충분해 보이는지, 필요한 유닛을 적절하게 얻을 수 있게 하려면 어떻게 해야 하는지를 플레이해보면서 살펴볼 수 있다. 바로 진행과 재미에 대한 확인이다.

게임 플레이를 구상하면서 핵심적인 플레이가 어떤 것인지 계획을 세우지만, 과연 내가 생각한 대로 돌아갈지는 만들어보기 전에는 확신할 수 없다. 그래서 프로토타입을 만들고 게임을 플레이해보면서 내가 생각한 만큼의 플레이가 가능할지 예측한다. 과연 내가 만드는 게임이 재미있을지를 미리 가늠해보는 것이다.

프로토타입의 가장 큰 목적은 게임에 대한 이해와 게임 플레이의 핵심 사항에 대한 확인이지만 그 외에 개발 환경에 대한 것도 가늠할 수 있다. 팀의 기술력과 속도 등 표현 범위의 한계를 알 수 있고, 서로의 일하는 스타일도 짧게 맞춰볼 수 있다.

프로토타입에 대한 오해

프로토타입을 만들어야 하는 이유를 설명하라고 하면, 많은 이들이 '재미의 검증'을 위해서라고 답할 것이다. 재미라는 것은 추상적인 감정이며, 개발할 게임이 구현하고자 하는 재미를 말이나 글로만 설명하는 것은 어렵기에 직접 만들어서 보여주는 것이 가장 효과적이기 때문이다.

어떤 게임을 만들지 고민하면서 머릿속으로 게임의 플레이를 상상하고, 상상한 그것이 '재미'있을 것 같다고 생각되면 정말 내가 생각한 대로 돌아가고, 내가 생각한 느낌을 줄 수 있을지 확인해봐야 한다. 실제로 동작하는 것을 보면, 상상하던 것과는 느낌이 다를 수 있기 때문이다.

프로토타입을 만드는 이유 중 하나가 재미의 확인이라고 하니 프로토타입만 플레이해봐도 재미있어야 한다고 생각하는 이들이 많은데, 이것은 오해다. 짧은 시간 내에 간단하게 만든 프로토타입은 완성된 게임과 같은 재미를 가질 수는 없다. 안정적인 시스템은 둘째치더라도 세심하게 조율된 밸런싱 과정을 거친 완성된 게임을 프로토타입과 비교할 수는 없다. 프로토타입만으로도 게임의 재미를 누구나 다 확인하고 인정할 수 있다면 프로토타입 제작만으로도 게임은 거의 완성되었다고 할 수 있으리라. 하지만 게임 개발은 눈에 보이는 것보다 복잡하고, 기능이 거의 완성된 것처럼 보일 때에도 게임의 최종적인 목표, 재미를 다듬기 위해서는 상당히 긴 시간이 필요하다. 그래서 프로토타입으로 재미를 확인할 수 있다는 말을 곧이곧대로 받아들이는 것은 위험하다.

프로토타입으로 게임 전체의 재미를 확신할 수는 없다. 프로토타입에서 확인할 수 있는 재미는 주로 감각적인 재미이며 가장 직접적으로 플레이어에게 다가갈 수 있는 첫인상 등의 방향성을 확인할 수 있을 뿐이다. 구상했던 플레이가 구현될 수 있을지를 확인하고 완성된 게임에 대한 가능성을 다른 이들과 공유하며 예측할 수 있게 해준다. 물론, 내가 상상했던 플레이가 내 머릿속에 있을 때와 아주 다른 양상을 보여줄 수도 있다. 그렇다면 처음의 구상은 과감하게 버리고 다시 시작해야 한다.

프로토타입은 빠른 시간에 만들어서 움직이는 것을 보는 일종의 시험작 Test-Bed이다. 빨리 만들어서 결과를 본 다음, 마음에 들면 다듬어서 다음 과정을 보고, 마음에 들지 않으면 버리고 새로 만들거나 해야 한다. 아직은 정식으로 개발에 들어간 상태가 아니라 개발을 해도 될지를 고민하는 단계인 것이다.

그래서 프로토타입을 위해서 만드는 시스템들이 영속적일 것이라고 기대하고 안정성이나 재활용성에 대해서 너무 많이 고민할 필요는 없다. 많은 학생이 프로토타입을 구현의 첫 단계라고 생각하고 한 번만 만들거나 실패할 경우에 대한 시나리오를 고려하지 않고 진행하는 경우가 있다. 혹은 프로토타입이 실패할 리가 없다고 생각하거나 스스로는 아주 신중하게 고민했으니까 실패하지 않을 것이라고 믿는다.

하지만 프로토타입도 실패할 수 있다. 만드는 것을 실패하는 것이 아니라 내가 생각했던 것과 동작하는 느낌이 너무나 달라서 아이디어

게임 디자이너를 위한 문서 작성 기술

를 다시 다듬어야 하는 경우가 발생할 수 있는 것이다. 필요하다면 다시 처음으로 돌아가야 할 수도 있다. 혹은, 생각했던 부분이 구현하기에 문제가 있을 수도 있다. 개선하기에는 문제가 너무 많아 프로젝트를 계속 진행할 가치가 낮다고 판단되면 과감하게 접고 다른 컨셉을 잡아 처음부터 시작하는 것이 바람직하다. 때로는 이렇게 되돌아가는 과정이 여러 번 반복될 수도 있다. 그래서 프로토타입의 코드나 데이터들은 미래를 보장할 수 없다. 지금 만드는 것이 좋지 않은 결과로 인해 언제든지 버려질 수도 있는 것이다. 따라서 안정적인 것보다는 빨리 만드는 것이 좋으며, 돌아가는 것을 보면서 어떻게 하면 시스템을 안정적으로 유지하고 보수를 쉽게 할 수 있을지 고민하는 것이 더 좋다. 새로운 것을 시도하다 보면 항상 생각대로 되는 것은 아니고, 성공적인 경우보다는 예상대로 되지 않는 경우가 더 많은 법이다.

프로토타입을 위한 아트 역시 비슷하다. 프로토타입을 위해서 굳이 멋진 그래픽이 필요하지는 않다. 기능을 빨리 구현해야 하는 상황에서 그래픽에 시간을 들이는 것은 비효율적이다. 필요한 그래픽 리소스는 최소한으로 한다. 실제로 사용하기 위한 소스는 아니지만, 구현을 위해서 필요한 데이터들을 더미 데이터 Dummy Data 라고 부르는데, 더미 데이터용 아트 소스들은 극단적으로는 기본 도형들, 큐브, 원기둥 등을 사용하기도 한다. 요즘은 다양한 아트 소스를 팔고 있으므로 구하기 쉬운 것 중에서 적합하다고 생각하는 것을 구입해서 사용할 수도 있다.

이런 경우 아티스트는 프로토타입을 만드는 기간에 아트 컨셉에 대해 논의하기도 한다. 게임에 대해서 말로 설명을 듣는 것보다 움직이는 것을 보면 게임 이해가 높아지므로 아트 컨셉을 어떻게 잡으면 좋을지, 시각적으로 어떤 부분에 중점을 둬야 할지에 대해서 생각을 정리하는 것이다.

만약 아트 컨셉에 대한 논의가 이루어졌고, 필요한 내용이 미리 준비되었다면, 준비한 아트 리소스를 프로토타입에 적용해보고 게임 플레이와 시각적 느낌이 얼마나 잘 어울리는지 확인할 수 있다. 기능이 중요하다고 해도 시각적 분위기 역시 기능 못지않게 중요하다. 그래픽이 중요하지 않은 게임이라고 해도 그래픽이 있으면 좀 더 게임의 분위기를 알 수 있다.

프로토타입을 만들 때는 무엇을 확인하고 싶은지 명확한 목적을 정해야 한다. '재미있는지 확인할 거예요'라고 말하는 것은 너무 막연하고, 좀 더 구체적인 대답이 있어야 한다. 플레이를 해보고 난 다음에 '어, 내 생각엔 재미없는 것 같다'라고 말한다면 다시 질문을 할 수 있다. '왜? 어떤 게 재미없는데?'라고 묻자 '글쎄, 그냥 아닌 것 같아'라고 한다면 이 게임의 재미는 어떻게 확인할 수 있을까. 취향이 같은 사람이 함께 개발하는 것이 아니라면 서로의 취향을 확인하면서 게임을 만드는 것은 어렵다. 여러 명이 작업을 하기 위해서는 항상 객관적인 언어를 준비해야 한다.

'벼랑 위에서 점프를 할 때 어떤 걸 느꼈어?'

'뛰어내릴 때 실패할 수도 있다는 생각이 들 수 있을까?'

'힌트를 찾는 과정에서 흥미를 지속시킬 수 있을까?'

막연한 느낌을 설명하더라도 좀 더 구체적인 상황과 기대하는 바를 정리하면 좀 더 명확한 목표와 조건에 대해서 이야기할 수 있다.

재미있을 것이라고 기대하는 것은 어떤 부분인가. 전투를 할 때의 타격감? 몬스터의 공격을 피하고 반격하는 것? 기회를 기다릴 때의 긴장감? 리듬감이 느껴지는 빠른 박자? 어떤 부분에서 재미를 찾을 것이고, 어떤 재미를 찾아야 하는지에 대해서 세부적으로 고민하고 그에 대한 내용을 팀원들과 공유해야 한다. 그 핵심 재미가 게임의 목표를 좀 더 명확하게 해줄 것이고, 세부적인 부분을 정리해보면 스스로도 구체적인 목표에 집중할 수 있다.

재미라는 말은 추상적이고 아주 개인적이다. 하지만 프로젝트를 진행하기 위해서는 추상적인 것을 구체적인 것으로 바꾸고, 주관적인 기준을 객관적인 기준으로 바꿔야 한다. 그렇게 해야 게임을 개발하는 팀원들이 같은 목표를 갖고 갈 수 있기 때문이다. 그래서 '재미있는 것'이라는 말은 좀 더 구체적이고 가시적인 무언가로 정리되어야 한다.

프로토타입은 게임 전체가 아니라 핵심적인 부분만 구현한다. 만약 전투 느낌이 알고 싶다면, 전투 부분만 구현하면 된다. 전투가 진행되기 위해서는 전투가 이루어지는 지형, 전투에 필요한 캐릭터, 혹은 몬스터가 필요할 것이고 장비, 스킬들이 필요할 수도 있다. 게임 플레이는 어떻게 이루어질까? 지형을 이동하다가 몬스터와 조우하게 되는 플레이를 상상하는가? 그렇다면 몬스터가 스폰Spawn*되는 것도 필요하다. 한 번에 몬스터 하나와 싸우게 된다면 전투가 끝나기 전에는 다른 몬스터가 스폰되지 않아야 하겠지만, 한 번에 여러 몬스터와 싸우게 하고 싶다면 몬스터가 여러 마리 스폰되어야 한다. 그렇다면 얼마나 스폰되게 할 것인가? 한 번에 얼마나 많은 수의 몬스터와 싸우게 할지에 따라 몬스터 스폰 양을 조절해야 할 것이다. 여기까지 구현한다면 게임을

---

* 몬스터를 생성시키는 것을 말한다.

게임 디자이너를 위한 문서 작성 기술

실행했을 때, 캐릭터는 지형 위에 서 있을 것이고 아마 멀지 않은 곳에서 몬스터가 스폰되고, 캐릭터는 몬스터가 있는 곳으로 이동해서 전투를 시작할 것이다.

그런데 이 전투를 왜 구현했을까. 무엇을 확인하고 싶어서 전투를 구현했을까. 이 전투의 목적은 무엇일까. 여기에서 가장 중요한 '왜'가 등장한다. 왜 전투 프로토타입을 만드는가.

만약 전투 액션의 느낌이 보고 싶다면, 그래서 움직임만으로 액션감을 주고 싶어서 그 느낌을 살리고 싶다면, 필요한 건 캐릭터의 애니메이션과 적당한 시기에 보이는 효과, 피드백 모션들일 것이다. 전투가 진행될 수 있도록 기본적인 것만 구현하고 그다음은 전투의 움직임에 관련된 부분을 계속 바꿔가며 적용해보면서 가장 좋은 그림을 찾을 것이다. 만약 전투의 흐름이 보고 싶다면, 그래서 몬스터를 여러 마리 사냥하면서 진행하는 느낌을 알고 싶다면, 전투에 필요한 적당한 능력치들－체력, 공격력, 데미지량 등이 필요할 것이고 원하는 속도로 전투가 진행될 수 있도록 능력치들을 조절해보면서 적절한 지점을 찾을 것이다. 이 경우 몬스터가 움직이게 할 필요가 있을 수 있고 몬스터는 제자리에 서 있고 플레이어의 캐릭터만 이동하면서 전투를 진행하게 할 수도 있다. 필요한 부분을 구체화하고 그 부분을 확인할 수 있도록 만들어야 한다.

예전에 콘퍼런스Conference 에 가서 들은 이야기다.

적들을 피하며 방을 가로질러 목표물을 찾는 게임이고, 플레이의 핵심은 전투였다. 그래서 어떤 전투를 해야 제한된 환경에서 재미있는 플레이가 나올 수 있을지를 고민하면서 네트워크로 플레이가 가능한 프로토타입을 만들었는데, 플레이어의 캐릭터와 몬스터를 모두 사람이 조작 가능하게 했다. 팀원들이 캐릭터와 몬스터를 모두 조작하면서 AI가 어떻게 움직이는 것이 게임 플레이를 흥미롭게 만드는지를 계속 플레이를 해보면서 방법을 찾았다고 했다. 이 발표는 어떻게 프로토타입을 만들었으며, 자신들이 생각하기에 효과적인 방법은 무엇이 있었는지, 만들어본 다양한 형태의 프로토타입에 대해서 이야기하는 내용이었다.

다시 말하지만, 프로토타입은 본격적인 구현이 아니라 가능성을 확인해보는 단계다. 그래서 군이 완성된 게임의 일부처럼 만들어야 할 필요는 없다. 완성된 게임에는 들어가지 않지만 기준을 정하는 데 필요하다면 그걸 위한 프로토타입을 만들 수도 있다. 본 게임에서는 네트워크 플레이를 하지 않겠지만, 필요하다면 프로토타입으로 네트워크 플레이가 가능한 환경을 만들 수 있는 것이다. 확인하고 테스트해보고 싶은 내용에 따라 필요한 값들을 쉽게 변경할 수 있게 만들고 플레이하면서 최적의 값들을 결정할 수도 있다.

디지털 게임이라도 프로토타입을 종이로 만들 수도 있다. 만약 해당 게임이 기술적인 표현과 관련이 있다면 소프트웨어로 만들겠지만, 새로운 게임 메커니즘을 갖고 플레이어에게 기존과 다른 경험을 주려고 한다면, 종이로도 프로토타입을 만들 수 있는 것이다. 종이로 만들면 더 적은 비용으로 플레이 테스트가 가능하고, 팀원들이 모여서 플레이를 해봄으로써 더 많은 대화를 할 수도 있다.

프로토타입을 위한 이미지는 아주 특별할 필요는 없다. 이 말은 멋진 이미지들이 필요하지는 않다는 의미다. 단지 게임 플레이를 위한 기능적인 요구만 충족되면 된다. 플레이하는 데 필요한 게임 요소들이 들어가기만 하면 될 수도 있다. 물론, 이미지 없이 구현한다는 것이 아니라 작업 시간을 요구할 정도의 본격적인 아트 작업이 필요한 것은 아니라는 의미다.

간단하게 횡스크롤로 진행되면서 몬스터와 전투하는 내용을 구현해보자. 배경이 필요하고, 캐릭터와 몬스터가 필요하다. 좀 더 자세하게 들어가면, 캐릭터의 무기와 몬스터의 무기가 필요하고 전투의 움직임이 필요하다. 하지만 이 작업들을 반드시 아티스트가 해야 하는 것은 아니다. 그리고 캐릭터와 몬스터의 생김새가 반드시 이 게임의 컨셉과 어울릴 필요는 없다. 배경은 원시시대, 캐릭터는 동물 가죽을 입고 벨로시랩터와 싸우는 것일지도 모르지만, 프로토타입에서는 회색의 바탕에 인간형 캐릭터가 동물형 몬스터와 전투를 진행해도, 보고자 하는 것을 확인하는 데에는 아무 문제가 없다는 것이다. 그래서 주로 더미 Dummy 그래픽 소스를 많이 사용한다. 그래픽 작업을 위해서 시간을 들이기보다 빨리 만드는 것이 더 바람직하기에 다른 프로젝트에서 진행했던 이미지 소스를 사용하거나 필요로 하는 기본 구조만 있는 이미지를 활용한다.

프로토타입을 만드는 데에 형식은 중요하지 않다. 무엇을 만들어서 확인할지에 대한 목적이 분명하면 좀 더 손쉽고 빠른 방법을 찾아낼 수도 있다.

프로토타입을 위한 문서 작성

프로토타입을 위한 문서에는 크게 두 가지 내용이 있어야 한다. 하나는 프로토타입의 의도를 설명하는 것이고, 다른 하나는 어떤 것을 구현해야 하는지 설명하는 것이다. 왜 이것을 만드느냐에 대한 것이 의도이다. 구현되어야 하는 것의 핵심은 무엇이며, 무엇을 확인하고자 하는지를 설명해서 팀원들끼리 같은 목표 의식을 공유하도록 하는 것이다. 기능에 대한 설명만 나열하기보다 우리의 지향점을 알려주면 보다 좋은 의견을 받을 수 있다.

구현할 내용을 설명하는 것은 사양서와 같다. 게임이 어떻게 동작해야 하는지 설명한다. 하지만 이것도 작은 규모의 게임이므로 나름의 플레이 시나리오가 있어야 한다. 플레이 시나리오를 만들고 그 단계마다 필요한 내용을 정리하면 전체적인 모습을 설명할 수 있다. 또한 플레이 시나리오를 기준으로 설명하면 듣는 이들도 쉽게 이해할 수 있다.

플레이어가 어디서부터 어디까지 플레이를 진행하도록 만들 것인가? 맵 하나를 플레이할까, 난이도가 서로 다른 스테이지 3개를 플레이하게 할까, 10분 동안 전투를 하게 할까? 플레이를 시작해서 종료할 때까지 흐름은 어떻게 진행될까. 시작하면 캐릭터는 아무것도 없는 평면을 뛰어다닐까? 아니면 원하는 스테이지를 선택해서 들어갈까? 맵 하나만 만들면 되는지, 그 전에 맵을 선택하는 화면이 있어야 하는지, 맵에서 그저 사냥만 하면 되는지, 종료 조건을 만들어서 결과를 봐야 하는지 등등 플레이어가 게임을 실행해서 종료할 때까지 어떤 플레이를 할지 순서를 정리한다.

플레이 흐름에 대해서 자세하게 정리를 하면 만들어야 할 것들이 눈에 보인다. UI는 어느 정도까지 만들어야 하고, 배경은 얼마나 만들어야 하며, 오브젝트는 어떤 기능으로 몇 종류나 필요한지 등. 그러면 이제 구체적으로 만들어야 하는 기능과 작업해야 하는 목록을 정리할 수 있다. 어떤 것을 요청해야 할지도 적어볼 수 있다. 프로토타입을 개발하는 데에 이정표가 되는 내용을 문서로 나열할 수 있을 것이다.

프로토타입은 게임의 전체적인 내용이 아니라 핵심적인 일부분만, 가장 재미있다고 생각하는 부분, 혹은 직접 플레이를 해보면서 확인해봐야 하는 부분을 구현한다. 여기서 말하는 핵심적인 재미는 익숙함이나 학습된 재미라기보다는 게임의 첫인상으로 매력을 보여줄 수 있는 것들이다. 게임의 전체적인 모습 없이 이 부분만 보여주더라도 유저들에게 매력과 도전의식을 불러일으킬 수 있는 것들로 점프 액션이나 전투 액션 등이 대상이 되는 경우가 많다. 혹은 머릿속에서 상상하기에는 재미있어 보였는데 정말 재미있을까, 내가 생각하기에는 이렇게 진행하는 것이 재미있어 보이는데 다른 이들 - 주로 팀원들 - 도 흥미있어하며 이해할 수 있을지를 확인해보기 위해 직접 플레이해볼 수 있도록 만드는 것이다. 물론, 핵심은 일부분의 플레이라고 할지라도 구현을 위해서는 어플리케이션을 실행하면 어디서 시작하고 끝나는지, 프로토타입의 실행

게임 디자이너를 위한 문서 작성 기술

부터 종료까지의 진행 과정이 문서에 설명되어야 한다.

'게임이 재미있는가' 같은 막연하고 추상적인 목표가 아니라 구체적인 항목을 정리한다. 예를 들자면 '일반 공격과 점프 시의 공격의 효과가 다를 경우, 점프하면서 공격하게 하면 조작의 감각적인 재미를 주는가' 등이다. 정리한 항목들만 봐야 하는 것은 아니지만, 항목으로 정리해놓으면 확인해야 하는 것들을 좀 더 구체적으로 인지할 수 있다. 프로토타입을 제작할 때는 빠르게 만드는 것이 더 중요하므로 체계적이거나 안정적인 시스템을 고민할 필요는 없다. 다만, 디자인적으로 데이터들이 필요한 경우가 있다. 점프의 높이나 속도 등의 감도 조절 등을 조율해보고 싶다면 이런 값들을 쉽게 변경할 수 있을 정도의 구조는 필요하다.

가장 중요한 핵심이 무엇인지 명시하면 본인도 문서를 만들면서 생각을 정리할 수 있고, 팀원들도 이를 보고 어디에 집중해야 하는지를 알 수 있다.

프로토타입은 게임의 일부분이지 전체가 아니다. 그래서 관련 내용을 정리할 때도 게임 전체를 정리할 필요는 없다. 하지만 마음속에는 게임 전체의 모습을 그릴 수 있어야 하며, 프로토타입의 결과에 따라 어떻게 전체적인 모습을 그려나갈지 항상 염두에 둬야 한다.

만들고자 하는 게임이 뭐가 재미있을지 목록을 만든다. 목록을 만들 때는 가능하면 한 문장으로 끝내는 것이 좋다. 하나의 문장에는 하나의 내용만 있도록 한다. 만약 목록의 문장이 너무 길어진다면 왜 짧게 정리할 수 없는지 냉정하게 판단해야 한다. 핵심이 없으면 말이 길어지는 법이다.

목록 중에서 '이 플레이의 느낌을 구현하지 못하면, 게임을 만드는 의미가 없다'라고 생각되는 사항들을 분류한다. 즉 '반드시 살려야 하는 부분'과 '되면 좋은 것'을 나눈다. 필수적인 목록은 가능한 한 적은 게 좋으므로 기준을 엄격히 적용한다. 물론, 이 단계에서도 '왜 이 부분이 반드시 구현되어야 하는 것'인지 설명할 수 있어야 한다. 프로토타입을 만들 때 '반드시 살려야 하는 부분'만 확인하면 된다. 다른 부분들은 방향성이 확실하게 결정된 다음, 본격적인 개발 단계에서 구현한다.

필수 항목이 정리되었다면, 그다음은 우선순위를 정리한다. 처음에 확인되어야 하는 것과 다른 항목이 먼저 구현되어야 확인할 수 있는 것이 있다. 혹은 연관성은 적다고 해도 중요도가 달라 먼저 구현되어야 하는 것도 있을 것이다. 이런 여러 가지 기준을 고려해서 우선순위를 정리한다. 여기까지 오면 언제 무엇을 하면 될지 작업 내용이 나열된다.

가장 먼저 구현되어야 하는 내용을 바탕으로 무엇을 확인하기 위한 작업인지, 구현된 모습을 보고 기대한 만큼의 결과가 나오지 않는다면 그에 대한 대비책은 무엇인지 정리한다. 프로토타입은 정해진 대로 걸어가면 되는 길이 아니라, 이 다리가 괜찮은지 두들겨보는 단계임을 잊지 말자.

실제 플레이가 되는 것을 만들어야 하므로 어떤 플레이가 이루어질지 구체적으로 상상해본다. 만약 이걸 상상하기 어렵다면 가상의 플레이 시나리오를 적어보는 것도 좋다. 내가 플레이어라고 생각하고 플레이 리뷰를 쓴다는 기분으로 가상의 시나리오를 적다 보면 구체적인 플레이의 흐름을 상상할 수 있다. 이 내용을 다른 이들에게 설명할 수 있어야 한다.

구체적으로 상상한 플레이 내용을 구현하기 위해서 무엇이 필요한지 내용을 정리한다. 생각나는 것을 단편적으로 적으면 무엇이 누락되었는지 찾아내기가 어려우므로 플레이 흐름에 따라 기록한다. 다음처럼 게임을 실행해서 플레이가 종료될 때까지 플레이의 흐름을 적는다.

'게임을 실행하면 플레이어 캐릭터와 몬스터가 서로 마주 보고 있다. 플레이어 캐릭터가 몬스터를 공격하면, 전투가 시작된다. 몬스터가 스킬을 쓸 때, 플레이어 캐릭터가 방어 액션을 취할 수 있다. 플레이어 캐릭터가 공격하면 몬스터는 회피하거나 반격한다.이 경우는 전투의 느낌을 보는 것이 목적이므로 기본 공격 패턴에 대한 것만 구현하고, 사망 판정은 구현하지 않는다.'

어떻게 플레이가 진행될지 설명하기가 어렵다면 1분짜리 플레이 동영상을 만든다고 생각해도 좋다. 다만 여기에서는 동영상을 만드는 것이 아니라 조작이 가능한 내용을 구현하는 것이지만 1분 동안 실제로 움직이는 것은 무엇이고, 조작이 필요한 것은 무엇이며, 게임 화면에서 무엇이 보여야 하고, 그것을 위해서 어떤 기능이 필요한지 정리할 수 있을 것이다.

실제 플레이에서는 자동으로 움직여야 하지만, 프로토타입에서는 사람이 조작할 수 있게 만들 수도 있다. 몬스터의 AI를 구현하는 것보다 사람이 조작해서 전투 느낌을 보는 것이 더 좋다고 판단되면 이것도 나쁘지 않은 방법이다.

게임 플레이의 흐름이 정리되었다면 그에 필요한 기능도 정리할 수 있을 것이다. 시작과 끝을 정하고 진행 과정에서 보고 싶은 내용을 정리해서 팀원들과 공유한다. 그리고 필요한 데이터들을 목록화하고 가장 효율적으로 결과를 볼 수 있는 방법을 논의해서 결정한다.

규모가 있는 게임이라면 한 번에 많은 부분을 구현하려고 하지 말고, 핵심적인 부분부터 구현하고 결과를 본 후, 다음 단계로 기능 추가를 하면서 진행한다. 처음부터 구현해야 하는 부분이 너무 많다면 개발 시간이 오래 걸리고 결과물이 만족스럽지 않을 경우 부담이 커지게 된다.

요약

- 프로토타입은 처음으로 만들어지는, 플레이가 가능한 버전이다.

- 프로토타입은 생각을 구현함으로써 어떤 게임을 만들 것인지 명확하게 공유할 수 있게 한다.

- 게임이 성립하기 위한 기본적인 사항들을 검증한다.

- 프로토타입을 왜 만드는지 목적을 구체적으로 정하고 팀원들과 공유한다.

  - 그렇게 해야 차후에 혼란이 적다.

- 프로토타입은 동작하는 것만을 보기 위함이 아니다.

- 프로토타입은 여러 번 만들 수 있다.

  - 검토해봐야 하는 것이 많다면 여러 번에 걸쳐서 만들어보는 것이 더 효과적일 수 있다.

- 프로토타입은 본격적인 개발이 아니라 무엇을 만들지를 검토하는 과정이다. 빨리 만들어서 플레이 결과를 보고, 안정적인 것은 본격적인 개발에 들어갈 때 고민해도 된다.

프로토타입을
제작하기 위한 문서

이 문서는 프로토타입을 제작하기 위한 것으로, 프로토타입에 대해서 필요한 모든 내용
이 정리되어 있는 것이 아니라 규모를 파악할 수 있도록 도와주는 일종의 개요 문서다. 처
음부터 모든 내용이 들어가 있는 문서보다는 전체 규모를 위한 문서를 작성해서 논의한
이후, 범위가 정해지면 그 이후 좀 더 세부적인 스펙 문서를 작성하는 것이 더 좋다. 문서
의 규모가 너무 크면 읽는 이들에게 부담스럽고 누락되는 부분이 생길 가능성도 높으므
로 이야기가 진행될 때마다 문서를 만들면서 내용을 공유하고 서로 생각하는 바를 분명
히 짚고 넘어가는 것이 좋다.

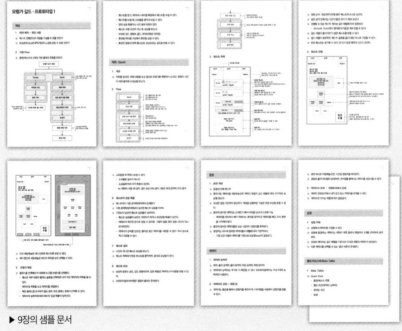

▶ 9장의 샘플 문서

게임 디자이너를 위한 문서 작성 기술

모험가 길드 - 프로토타입 1

개요

1 제작 목적 - 확인 사항

➡ 퀘스트 진행만으로 게임을 구성할 수 있을 것인가

➡ 최소한의 요소로 RPG게임의 느낌을 살릴 수 있을 것인가

2 기본 Flow

➡ 훈련/퀘스트의 2개의 기본 플레이 흐름을 만든다.

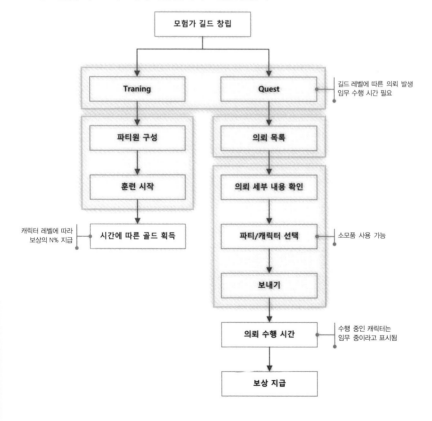

- 퀘스트를 받고, 캐릭터나 파티를 배정해서 퀘스트를 보낼 수 있다.

- 퀘스트를 보낼 때, 소모품을 챙겨서 보낼 수 있다.

- 일의 성공 확률이나 시간 등에 이점이 있다.

- 퀘스트 수행 시간이 지난 후, 보상을 받는다.

- 보상은 길드 경험치, 골드, 캐릭터(혹은 아이템)

- 훈련용 파티를 구성해서 훈련을 보낼 수 있다.

- 훈련은 일종의 반복 퀘스트로, 보상으로는 골드를 받을 수 있다.

의뢰 : Quest

1 개요

➜ 의뢰를 받으면, 의뢰 내용을 보고 필요한 모험가를 배정해서 보내고, 정해진 시간이 되면 돌아와서 보상을 받는다.

2 Flow

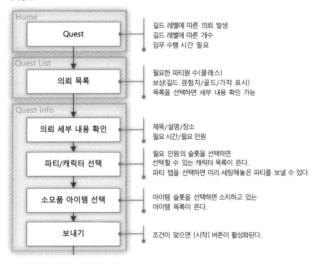

| Home |
| Quest → 길드 레벨에 따른 의뢰 발생 / 길드 레벨에 따른 개수 / 임무 수행 시간 필요 |

| Quest List |
| 의뢰 목록 → 필요한 파티원 수(클래스) / 보상(길드 경험치/골드/가챠 표시) / 목록을 선택하면 세부 내용 확인 가능 |

| Quest Info |
| 의뢰 세부 내용 확인 → 제목/설명/장소 / 필요 시간/필요 인원 |
| 파티/캐릭터 선택 → 필요 인원의 슬롯을 선택하면 / 선택할 수 있는 캐릭터 목록이 뜬다. / 파티 탭을 선택하면 미리 세팅해놓은 파티를 보낼 수 있다. |
| 소모품 아이템 선택 → 아이템 슬롯을 선택하면 소지하고 있는 / 아이템 목록이 뜬다. |
| 보내기 → 조건이 맞으면 [시작] 버튼이 활성화된다. |

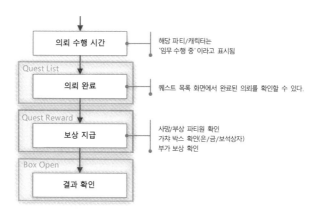

| 의뢰 수행 시간 | 해당 파티/캐릭터는
'임무 수행 중' 이라고 표시됨 |

Quest List

| 의뢰 완료 | 퀘스트 목록 화면에서 완료된 의뢰를 확인할 수 있다. |

Quest Reward

| 보상 지급 | 사망/부상 파티원 확인
가챠 박스 확인(은/금/보석상자)
부가 보상 확인 |

Box Open

| 결과 확인 |

3 퀘스트 목록

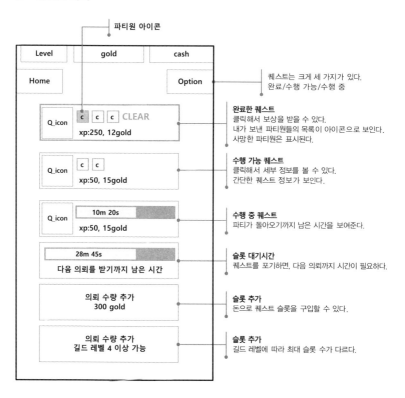

파티원 아이콘

| Level | gold | cash |

| Home | Option |

퀘스트는 크게 세 가지가 있다.
완료/수행 가능/수행 중

| Q_icon | c c c CLEAR
xp:250, 12gold |

완료한 퀘스트
클릭해서 보상을 받을 수 있다.
내가 보낸 파티원들의 목록이 아이콘으로 보인다.
사망한 파티원은 표시된다.

| Q_icon | c c
xp:50, 15gold |

수행 가능 퀘스트
클릭해서 세부 정보를 볼 수 있다.
간단한 퀘스트 정보가 보인다.

| Q_icon | 10m 20s
xp:50, 15gold |

수행 중 퀘스트
파티가 돌아오기까지 남은 시간을 보여준다.

| 28m 45s
다음 의뢰를 받기까지 남은 시간 |

슬롯 대기시간
퀘스트를 포기하면, 다음 의뢰까지 시간이 필요하다.

| 의뢰 수량 추가
300 gold |

슬롯 추가
돈으로 퀘스트 슬롯을 구입할 수 있다.

| 의뢰 수량 추가
길드 레벨 4 이상 가능 |

슬롯 추가
길드 레벨에 따라 최대 슬롯 수가 다르다.

- 정렬 순서 : 완료/대기/진행 중인 퀘스트의 순서로 보인다.
- 같은 성격 안에서는 시간이 짧은 것이 더 위로 보인다.
- 진행할 수 있는 퀘스트 개수는 길드 레벨에 따라 정해진다.
  - Default Data에서 정의한다(기준은 계속 변할 수 있다).
- 길드 레벨이 올라가면 더 많은 퀘스트를 받을 수 있다.
- 길드 레벨이 충분하면, 퀘스트 슬롯을 골드(게임 머니)로 구입할 수 있다.
- 받은 퀘스트는 포기할 수 있다. 단 다시 받을 때까지 시간이 걸린다.

4 퀘스트 진행

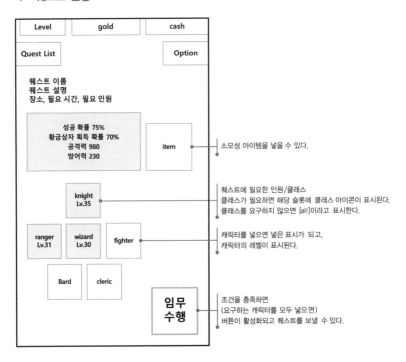

게임 디자이너를 위한 문서 작성 기술

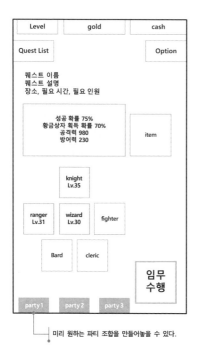

미리 원하는 파티 조합을 만들어놓을 수 있다.

파티의 특성을 볼 수 있고 임무에 넣을 수 있다.

➡ 미리 세팅해놓은 파티 단위로 퀘스트를 보낼 수 있다.

➡ 파티 탭으로 세팅해놓은 파티의 목록을 보고 선택할 수 있다.

5 모험가 배정

➡ 클래스를 선택해서 이 의뢰에 누구를 보낼지를 선택한다.

- 퀘스트 세부 내용의 클래스 슬롯을 선택하면 내가 가진 캐릭터의 목록을 볼 수 있다.
- 캐릭터의 목록을 보고 캐릭터를 세팅한다.
- 특정 클래스를 요구하지 않는 경우, 모든 클래스 중에서 선택할 수 있다.
- 캐릭터의 능력치에 따라 파티의 '성공 확률'이 달라진다.

- 소모품을 추가해서 보낼 수 있다.
  - 소모품은 필수가 아니다.
  - 소모품에 따라 추가 확률이 생긴다.
    ex. 캐릭터 사망 1회 방지, 골드 보상 10% 증가, 1분간 최대 공격력 10% 증가

6 퀘스트의 성공 확률

- 퀘스트마다 기준 공격력/방어력이 존재한다.
- 기준 공격력/방어력보다 높으면 퀘스트 성공률 100%
- 기준보다 낮으면 퀘스트 성공률은 낮아진다.
  - 퀘스트 성공률이 낮으면, 캐릭터가 죽거나 부상당할 확률이 생긴다.
  - 캐릭터가 죽으면 돈으로 살릴 수 있지만, 그렇지 않을 경우 일정 시간이 지나면 버려진다.
  - 캐릭터가 상처를 입으면, 쿨타임 동안 캐릭터를 사용할 수 없다. 역시 돈으로 즉시 치료할 수 있다.

7 퀘스트 결과

- 시간이 지나면 퀘스트 보상을 받는다.
- 퀘스트 목록에서 완료 퀘스트를 클릭하면, 곧바로 보상창이 뜬다.

8 퀘스트 보상

- 보상의 종류는 골드, 길드 경험치이며, 일정 확률로 캐릭터나 아이템을 얻을 수 있다.
- 프로토타입의 아이템은 경험치 물약만 존재한다.

훈련

1   훈련 개요

➔ 일종의 반복 퀘스트

➔ 훈련시킬 캐릭터를 세팅해놓으면 캐릭터 레벨과 길드 레벨에 따라 주기적인 보상을 얻는다.

➔ 보상은 일정 시간마다 정산되고, 게임을 실행하면 그동안 모인 보상을 받을 수 있다.

➔ 훈련에 참여한 캐릭터는 언제든지 빼서 의뢰를 보내거나 판매 가능
   - 캐릭터를 파티에서 빼기 위해서는 훈련을 중지하고 캐릭터를 빼고, 다시 훈련을 시작해야 한다.

➔ 훈련에 참여한 캐릭터들은 보상 시점마다 경험치를 획득한다.

➔ 경험치는 파티에 참여한 캐릭터들의 레벨에 따라 가변적이다.
   - 가장 낮은 레벨의 캐릭터를 기준으로 보상량(exp)이 결정된다.

캐릭터

1   캐릭터 능력치

➔ 체력, 물리 공격력, 물리 방어력, 마법 공격력, 마법 방어력

➔ 캐릭터의 능력치는 추가로 더 확장될 수 있다. 프로토타입에서는 우선 5개의 능력치만 사용한다.

2   캐릭터의 성장 – 레벨 업

➔ 캐릭터는 훈련을 통해서 경험치를 획득하거나 아이템을 사용해서 경험치를 얻을 수 있다.

➡ 훈련 파티로 지정해놓으면, 시간당 경험치를 획득한다.

➡ 경험치 물약 아이템이 존재하며, 아이템을 통해서도 캐릭터를 성장시킬 수 있다.

3 캐릭터의 판매 – 인벤토리에서 판매

➡ 캐릭터 인벤토리에서 내가 갖고 있는 캐릭터를 판매할 수 있다.

➡ 캐릭터의 가치는 레벨에 따라 결정된다.

상점

1 상점 구매

➡ 상점에서 캐릭터를 구입할 수 있다.

➡ 상점에 등장하는 캐릭터는 캐릭터 목록 중에서 랜덤하게 3개를 선택하여 보여 준다.

➡ 상점의 캐릭터는 길드 레벨을 기준으로 더 낮은 레벨의 캐릭터가 생성된다.

➡ 다른 캐릭터를 선택할 수 있는 '갱신' 버튼이 존재한다.

필요 리소스와 Data Table

1 Data Table

➡ Quest Data
 - 훈련/퀘스트 목록
 - 필요 조건(캐릭터, 능력치)
 - 걸리는 시간
 - 보상

➜ Character Data
- 클래스
- 능력치(체력, 물리 공격력, 물리 방어력, 마법 공격력, 마법 방어력)

2   리소스

➜ 퀘스트 아이콘
- 퀘스트용 아이콘 3종
- 퀘스트 타입에 따른 다른 아이콘 사용
- 퀘스트 타입은 퀘스트 데이터에서 정의

➜ 캐릭터 아이콘
- 클래스별 아이콘

➜ UI 관련 이미지
- 세부 사항은 UI 문서 참조

제 5 장

게임 아트
Game Art

—

컴퓨터 게임은 비디오 게임 Video Game 이라고 불릴 정도로
게임의 이미지가 중요하다. 게임의 이미지는 시각적 아름
다움을 위한 것도 있지만, 게임 내의 상황을 더 잘 설명하고
게임 진행을 위해서 필요한 시각적 정보를 주는 기능도 있다.
그래서 게임의 아트는 아티스트만의 작업이 아니라 게임
디자이너와 아티스트 간의 긴밀한 협업이 요구된다.

—

이미지가 없는 게임

머드 게임 Mud Game 이라는 게 있다.

'Multi User Dungeon'을 줄여서 머드 MUD 라고 부르는데, 최초의 머드 게임은 로이 트룹소 Roy Trubshaw 와 리차드 바틀 Richard Bartle 이 개발해서 1978년에 서비스를 시작했다. 그 이후 같은 방법으로 진행하는 게임들이 많이 나왔고, 이런 게임들을 통틀어서 머드 게임이라고 부른다. 머드 게임은 이름에서 말해주듯이 플레이어들이 미지의 던전을 탐험하는 것이 주요 플레이 내용이었다. 모든 머드 게임이 던전 안에서만 돌아다닌 것은 아니지만, 새로운 장소를 탐험하고, 몬스터와 싸우고, 마법을 사용하면서 비밀의 보물을 찾아다니는 것은 많은 게이머들에게 매력을 불러일으켰다. 현실에선 경험할 수 없는 모험을 작은 컴퓨터를 통해서 할 수 있었기 때문이다. 한국에서는 1993년경부터 플레이를 할 수 있었으며 전화선을 통해 게임을 했다. 덕분에 그 시절의 게이머들은 모험의 대가로 비싼 전화비를 내야 했다.

머드 게임에서 흥미로운 점은 게임이 모두 글자로 이루어져 있다는 것이다. 캐릭터의 위치나 처한 상황을 모두 글자로 설명해서 마치 소설을 읽는 느낌도 있었다. 지형을 설명하고, 전투가 시작됨을 알리고, 아이템을 얻은 것도 모두 글자로 설명했다. 캐릭터를 이동시키는 등의 게임 조작도 명령어를 글자로 입력했다.

예를 들면 이렇게 말이다.

갈 수 있는 곳은 동, 서, 남, 북입니다.
> 남
남쪽으로 이동합니다.
남쪽에는 커다란 광장이 있고, 광장의 중심에는 나무가 서 있습니다.
나무 아래에는 상자가 있고, 주변에서는 오우거가 쳐다보고 있습니다.
갈 수 있는 곳은 북, 나무, 동입니다.
> 오우거 공격
오우거에게 주먹을 휘두릅니다. [피해 12]
오우거가 칼을 휘두릅니다. 오우거의 공격이 빗나갑니다.
오우거에게 주먹을 휘두릅니다. [피해 18]
오우거가 칼을 휘두릅니다. [피해 9, 체력 111]
오우거에게 주먹을 휘두릅니다. [피해 10]
오우거가 사망했습니다.

이미지가 없는 게임이어서 플레이어의 상상력이 필요했지만, 텍스트로만 등장하는 몬스터와 조우해서 숫자로만 진행되는 전투의 긴장감은 요즘의 게임 못지않았다. 게이머들은 텍스트의 모험 속에서 위기 상황을 헤쳐 나가며 자신의 모험담을 적어 나갔는데, 이것은 정말 멋진 일이었다. 문제는 내가 어느 위치에 있는지 파악하기가 어려웠고, 그래서 길을 잃기도 쉬웠다. 던전을 탐험하는 게임인데, 내가 어떤 길을 지나왔는지 개인적으로 던전 구조를 그려놓지 않으면 같은 곳을 빙글빙글 돌기도 일쑤였다. 그래서 그다음에는 조금 더 친절한 게임이 나왔

게임 디자이너를 위한 문서 작성 기술

다. 역시 화면은 문자로 가득하지만, 문자의 배열을 이용해서 지형 구조를 보여준 것이다.

1980년에 나온 게임, 로그 Rogue 는 화면에 아스키 부호로 던전의 구조를 그려서 플레이어가 어느 위치에 있는지, 어느 지점에 몬스터가 나오거나 아이템이 있는지를 설명했다. 대단한 이미지는 아니었지만 구조를 이미지로 보여주는 것만으로도 플레이는 쾌적해졌고, 게임에 대한 몰입감도 더 좋아졌다.

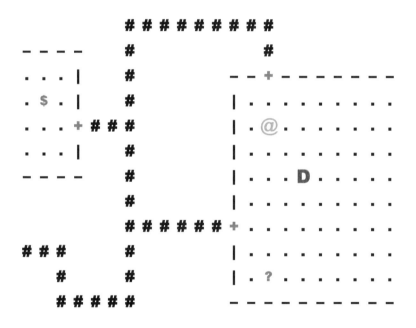

▲ 아스키 부호로 그린 던전의 구조. @이 PC이며, D는 드래곤을 뜻한다.

게임 디자인과 그래픽

요즘은 이미지가 없는 게임은 상상하기 어렵다. 게임의 그래픽은 게임을 표현하는 아주 중요한 요소 중 하나이며, 게임에 좀 더 몰입하게 해주는 장치가 된다. 때로 플레이어들은 어떤 게임 플레이를 할 수 있느냐보다 어떤 그래픽을 갖고 있느냐를 기준으로 게임을 선택하기도 한다. 기술이 발전하면서 게임의 그래픽은 점점 더 좋아져서 이젠 영화 못지않은 화면을 감상할 수도 있다. 그만큼 게임 디자이너와 아티스트의 의사소통이 중요해졌다. 게임의 아트를 전반적으로 책임지고 진행하는 아트 디렉터 Art Director가 있다 해도 게임 디자이너가 아티스트들이 어떻게 이미지 컨셉을 잡고 진행해야 하는지 챙겨야 하는 부분이 존재한다.

게임의 분위기를 살릴 수 있는 이미지가 추가되면 플레이어들은 게임의 세계에 훨씬 더 몰입해서 게임을 즐길 수 있을 것이다. 사람들은 대체로 글자보다 그림에서 더 많은 정보를 얻는다. 게임 속의 이미지들은 단순히 보기에 예쁜 그림들이 아니라, 게임 세계와 플레이 상황 등을 플레이어에게 전달하는 역할도 한다. 게임의 이미지도 게임 디자인의 일부다. 따라서 게임의 요소들이 어떻게 시각적으로 보여야 할지 신중하게 고민하고 결정해야 한다. 게임 디자이너들은 아티스트와 긴밀하게 이야기를 나눠서 최선의 결과물을 내어야 한다. 게임 아티스트 또한 함께 게임을 개발하는 개발자이며 게임 아티스트가 게임을 얼마나 잘 이해하고 있느냐에 따라서 게임의 그래픽이 풍성해진다.

게임은 수동적인 컨텐츠가 아니다. 영화나 소설처럼 작가가 만든 세계나 이야기를 구경하는 것과 달리, 게임은 플레이어가 게임에 적극적으로 개입하며 자신의 의지로 새로운 경험을 쌓아 나간다. 그래서 플레이어의 노력을 요구하는 게임은 한편으로는 어려운 컨텐츠이기도 하지만 그만큼 적극적으로 감정이입할 수 있다. 게임을 만든다는 것은 플레이어의 경험을 디자인하는 것이며, 게임 디자이너는 자신이 만든 게임 안에서 플레이어가 어떤 감정을 가지고 플레이하게 할지를 고민한다. 시각적 자료는 경험을 좀 더 구체적으로 제시해 게임에 더 몰입하게 만든다.

구체적이고 명확한 설명

아티스트들이 많이 토로하는 고충이 있다. 너무 모호한 표현으로 요구사항을 전달하거나 개인의 취향을 강요하는 것들이다. 이미지 작업은 일정 정도 모호한 감성적인 부분을 시각적으로 표현하는 것이라서 어떤 분위기나 어떤 느낌이 나야 하는지가 중요한 요소다. 그래서 '섹시하고 귀여운'이라거나 '그로테스크하면서 웅장한' 같은 구체적이지 않은 표현들이 오가기도 한다. 이런 모호한 표현들의 문제점은 정말 중요한 정보 전달이 되지 않고 진행 과정에서 개인적 취향으로 논쟁을 벌이게 될 수 있다는 것이다. 답을 찾을 수 없는 논쟁은 서로에게 소모적이다.

아티스트에게 필요한 이미지 작업을 요청할 때, 무엇이 필요한 내용이고, 어느 범위 안에서 아티스트가 자신의 생각을 표현할 수 있는지를 알려줘야 한다. 게임에 대해서 고민하면서 게임 그래픽에 대한 부분도 분명히 고민하고 관련된 내용이 반영되겠지만, 아티스트는 시키는 대로 결과물을 뽑아주는 기계가 아니다. 많은 개발자들이 능력 있는 아티스트와 일하고 싶어 하는 것은 아티스트가 세상을 해석하는 방법과 고유한 표현 방식 때문이다. 그들이 자신의 능력을 충분히 발휘할 기회를 만들어주어야 한다.

아티스트가 게임 디자이너의 마음을 읽을 수는 없다. 또한 아티스트가 게임 디자이너의 취향을 맞춰줄 필요도 없다. 같이 작업하기 전에

게임 디자이너를 위한 문서 작성 기술

게임 디자이너의 역할과 아티스트의 역할에 대해서 잘 생각해보고 경계의 문제점들을 어떻게 해결할지 논의해야 하며 개발 과정에서 서로의 업무 영역을 불쾌하게 넘나들지 않도록 주의해야 한다.

경험이 적은 학생들에게 게임에서 필요한 캐릭터가 있어서 아티스트에게 내용을 전달하기 위한 문서를 작성하라고 하면, 캐릭터들의 외형에 대해서 꼼꼼하게 적은 문서를 갖고 오는 경우가 꽤 있다. 자료를 뒤져서 가장 적합하다고 생각하는 이미지를 찾는 것은 당연한 수순이지만, 왜 그것을 찾았는지에 대한 설명은 부족하고 이미지의 결과에 대한 설명만 적는 것은 무의미하다. 아티스트에게 모작을 시킬 것이 아니라면 말이다. 시각적으로 새로운 컨셉을 잡고, 아티스트가 상상해서 작업할 수 있도록 작업 범위와 목적을 설명하는 게 중요하다.

설정과 기능의 표현

　게임 캐릭터에서 무엇이 표현되어야 하는지 적을 때 필수적인 내용으로 기능과 분위기의 두 가지 방향이 있다.

　기능적 접근은 무엇이 필요한지를 파악하고, 그에 대한 내용을 정리하는 것이다. 던전을 탐험하면서 몬스터를 사냥하고 보물을 찾는 게임을 만든다고 한다면, 던전과 몬스터와 보물의 이미지가 필요할 것이다. 플레이의 배경이 던전밖에 없다면 숲과 마을이 어떻게 보여야 하는지를 고민할 필요는 없으니까. 몬스터와 플레이어의 캐릭터가 전투를 한다면 전투에 대한 이미지도 필요하겠지만, 전투가 벌어지면 전투 장면은 보여주지 않고 결과만 보여주고자 한다면 치고받는 이미지는 필요없을 것이다. 크게 어떤 요소들이 있는지 정리하고 각 요소들의 세부적인 기능을 정리하면 된다. 이것은 게임의 내용이 구체적으로 정리가 되면 목록화할 수 있다.

　다른 하나는 설정적 접근으로 게임의 분위기를 잡는 것이다. 이 게임은 웅장한 분위기일까? 아니면 귀엽고 아기자기한 게 좋을까? 무섭고 공포스러운 것은 어떨까? 이처럼 말 그대로의 느낌을 표현하는 것으로 게임 디자이너가 원하는 시각적 분위기를 명확하게 전달할 필요가 있다.

　'게임의 분위기는 좀 어둡고 괴기스러웠으면 좋겠어. 캐릭터가 작게 들어갈 거라서 머리가 크고 동글동글한 귀여운 형태면 좋을 것 같아.'

게임의 그래픽은 생각하는 대로 나오는 것이 아니고, 게임 아티스트도 팀의 동료이며 같이 게임을 만들어 가는 개발자이기에 왜 이런 이미지가 나와야 하는지 설명이 추가되어야 한다. 모든 디자인은 의도가 있는 법이다.

'배경의 장치들을 보고 맵의 함정을 피하면서 앞으로 진행해야 하는 게임이야. 배경을 봐야 하기 때문에 캐릭터가 너무 크면 안 되니까 화면 비율상 캐릭터가 작아질 것이므로 캐릭터의 움직임이 잘 보일 수 있는 비율이어야 해. 그리고 어려운 게임을 생각하고 있어서, 캐릭터가 함정을 피하지 못하면 귀엽게 폴짝폴짝 뛰어가다가 목이 잘리는 거지.'

게임과 어울리는 분위기를 잡으려면 플레이를 이해하고 그래픽 분위기를 잡아야 한다. 테마를 맞춰서 게임의 그래픽에서 시각적으로 표현하고, 게임 디자인에서 구조적으로 표현한다. 배관공이 스패너를 들고 다녀야만 하는 이유를 만들어서 플레이와 연계시키는 것이다.

게임의 이미지는 게임의 분위기를 반영한다. 그래서 게임의 이미지를 위해서는 어떤 게임인지를 설명해야 한다. 만약 게임이 유쾌하고 가벼운 플레이를 추구한다면 게임의 이미지 또한 밝고 유쾌한 게 어울릴 것이다. 만약 게임이 심각하고 진중한 이야기를 다루고 있다면 게임의 이미지 또한 그런 이야기를 반영할 것이다. 그래서 게임에 대한 설명과 게임을 통해 무엇을 표현하고 싶은지를 설명해야 한다. 바로 게임의 컨셉이다. 게임의 컨셉은 이것이 어떤 게임이라는 것을 설명하는 가장 좋은 방법이다. 물론, 여기에서 말하는 게임의 컨셉은 한 문장으로 표현하는 것을 말하는 것이 아니라 어떤 게임인지에 대해서 설명하고, 게임이 추구하는 방향, 개발의 목표 등까지 공유해야 한다는 것이다. 일반적인 경우에는 게임의 컨셉 문서를 공유하지만, 가끔은 그래픽을 위한 별도의 문서를 작성하기도 한다. 이미지에서 보이는 부분에 대해서 좀더 설명이 필요하다거나, 게임 플레이에 직접적인 영향을 미치지는 않지만 원하는 아트 컨셉 등에 대해서 세부적인 설명이 필요할 수도 있기 때문이다. 참고 이미지 등을 첨부하여 생각하고 있는 이미지들과 왜 그런 이미지가 필요한지를 공유하면 아티스트가 필요한 부분을 재해석하고 게임에 잘 어울리는 새로운 컨셉 이미지를 보여줄 것이다.

게임의 컨셉과 함께 게임의 시각적 요구사항에 대해서 잘 설명해주는 게 있는데, 바로 '게임의 스토리'다. 게임의 컨셉 문서를 작성할 때, 스토리를 설명하는 게임이 아님에도 불구하고 배경 설정을 넣거나 시놉시스 등을 적어주는 경우가 있다. 바로 게임의 테마를 어떻게 잡는게 좋을지에 대한 설명이다.

스토리가 진행된다거나 스토리를 전달하고자 하는 게임이 아니더라도 배경 설정이 있으면 플레이어가 게임에 몰입하기 위해서 어떤 내용을 전달해야 하는지를 알 수 있다. 게임을 플레이하는 데 몰입하기 위해서는 게임 내의 세계에 대한 이해가 도움이 된다. 가령, 말썽꾸러기 강아지가 길을 잃어서 강아지를 찾기 위해 숲에 뿌려진 힌트를 찾는다는 이야기가 있다면, 게임 플레이는 간단한 도형 맞추기 퍼즐일지라도 도형이

골목길의 오브젝트 분위기를 만들어서 게임 플레이에 좀 더 감성적으로 몰입할 수 있게 해줄 것이다. 그래서 게임에 필요한 이미지들을 모두 하나의 테마로 묶고 하나의 이야기를 할 수 있게 만드는 것이다.

현실적인 가이드의 제공

게임의 분위기에 대해서 어느 정도 가이드라인이 나오면 아티스트와 논의한다. 게임에 대해서 설명하고, 그래픽에서 표현되어야 하는 사항들을 정리해서 논의하면, 게임을 시각화시키는 데 좀 더 구체적인 이야기를 할 수 있다. 그리고 기준이 있으므로 그에 맞는 이미지들을 만들어낼 수 있다. 혹은, 논의를 하면서 분위기가 변경될 수도 있다. 중세 판타지로 배경 설정을 잡았는데 식상하니까 현대적이지만 마법을 쓰는 세계가 어떠냐는 의견이 나올 수 있다. '청바지를 입고 파이어볼을 쓰면 멋질 것 같지 않아요?'라는 의견이 오가면서 처음의 생각보다 더 좋은 결과물이 나올 수도 있다.

필요한 작업 내용을 설명할 때는 구체적으로 목록을 작성해서 전달하면 받는 사람이 이해하기가 훨씬 쉽다. 예를 들면, '게임 캐릭터가 필요해요'라고 전달하는 것보다 다음과 같이 목록으로 보여주는 것이다.

□ 게임 진행용 캐릭터
□ 게임 플레이용 모션 5개 필요(달리기, 걷기, 뛰기, 점프, 사망)
□ 캐릭터 선택 화면에서의 전체 모습
□ 대화창에서 보일 캐릭터 아이콘

이렇게 구체적으로 정리해서 전달하면 캐릭터 디자인에서 어떤 부분을 더 신경 써서 이미지 작업을 해야 할지 이해하기 쉽다. 뒷모습이 보이지 않는 캐릭터라면 뒷모습에 대해서 크게 고민할 필요가 없고, 동작이 많은 캐릭터라면 동작을 잘 보여줄 수 있는 형태나 의상을 고민하는 것이 더 필요할 것이다.

그래픽 작업은 크게 두 단계로 진행된다. 처음에는 컨셉을 잡는 단계이고, 다음에는 실질적으로 게임에 필요한 리소스를 만드는 단계다. 리소스를 만들 때는 결과물의 목록을 전달한다. 이것은 작업 목록이므로 컨셉을 잡을 때보다 더 구체적이고 자세한 설명으로 전달되어야 한다. 하지만 컨셉을 잡는 단계에서도 대략 예상하고 있는 작업 범위를 공유하면 더 효과적인 모습을 고민할 수 있다.

때로는 게임의 전체적인 모습이 확정되지 않아서 범위에 대한 구체적인 가이드를 줄 수 없는 경우도 있다. 이런 경우는 서로의 진행 상황을 공유하고 요구하는 바를 논의하면서 정리하면 된다.

그림은 상상력을 표현하는 아주 좋은 방법이고, 아티스트는 상상력을 구체화하여 이미지로 표현해낸다. 그들의 의견을 존중하고 새로운 시각으로 게임을 바라볼 수 있도록 해주면 게임이 더 풍성해질 수 있다. 어떤 이는 게임 디자이너라면 프로그래밍보다 드로잉을 배워야 한다고 주장하기도 했다. 나도 그 말에 어느 정도 동의한다.

  작업 목록을 작성하는 것은 크게 어렵지 않다. 시스템에서 필요한 그래픽 목록을 작성하고 이것이 어디에 사용되며 어떤 내용을 담고 있어야 하는지 설명한다. 흩어져 있던 설명을 모아서 정리하고 보는 이들이 작업 분량을 쉽게 파악하게 하기 위해 목록으로 만든다.

  컨셉 문서는 개발 초기에 어떻게 분위기를 잡을지 논의하는 단계이므로 작업 목록을 만드는 것보다는 좀 더 광범위하고 막연하다. 게임에 대해서 설명하고 게임 플레이의 방향성, 그 방향성으로 인해 요구되는 그래픽의 분위기, 혹은 게임 내에서 진행되는 스토리를 위한 배경 설정 등을 설명한다. 설사 아티스트가 시각적 기준을 모두 결정한다고 해도 어떤 분위기를 원하는지 구체적으로 설명해야 한다. 게임에 대해서는 게임 디자이너가 가장 잘 알 수밖에 없고, 아무것도 없이 결과물을 내놓으라는 것은 무책임하다. 그래서 문서에는 글로 된 설명 외에도 참고할 만한 이미지를 자료로 첨부한다.

  참고할 자료를 문서에 첨부할 때는 이 이미지를 왜 참고용으로 선택했는지에 대한 설명을 적어야 한다.

  참고 이미지에서 무엇을 참고해야 하는지 구체적으로 말해주지 않는다면, 아티스트가 이미지의 어떤 부분을 봐야 할지 이해를 못하거나 내가 전하고 싶은 내용을 모호하게 받아들일 수 있다. 첨부한 이미지들이 그림의 분위기 때문인지, 색감 때문인지, 혹은 구체적인 캐릭터의 모양 때문인지, 혹은 세부적인 장식의 모양이 참고할 만하다고 생각해서 넣은 건지 설명이 있어야 한다. 그림은 한 장으로도 많은 이야기를 할 수 있기 때문에 부가적인 설명이 없으면 보는 이들은 자신이 보고 싶은 것만 볼 수도 있다.

'배경이 늪지대여서 약간은 몽환적인 분위기가 났으면 좋겠는데, 이것처럼 저채도의 부드러운 색감이면 좋겠다'라거나 '숲의 아이들이라는 설정이 있으니까 옷차림 등에 대해서도 숲과 어울리는 색감을 써 달라', 혹은 '녹색이 이 캐릭터 가문의 색이므로 녹색의 신발을 신겨 달라'라고 원하는 바나 필요한 내용을 구체적으로 설명해주는 것이 좋다. 이미지가 아니라 원하는 구성요소를 설명한다.

게임 디자이너가 원하는 분위기를 이야기한다고 해서 아티스트가 디자이너의 취향에 맞춰야 한다고 생각하면 곤란하다. 그들 또한 게임 개발자이며 개발하는 게임의 이미지가 어떻게 보여야 하는지 고민하는 이들인 것이다. 그들이 좋은 이미지를 만들 수 있도록 충분한 재료를 주면서 그들의 새로운 해석 또한 존중해줘야 한다.

시각적 가이드가 결정되지 않은, 많은 것이 가변적인 상황에서 참고자료를 대량으로 건네주고 아직 눈에 보이지 않는 게임에 대한 설명을 하면 그걸 듣는 아티스트는 정보의 홍수 안에서 우선순위를 파악하기가 쉽지 않다.

아트 킨셉을 잡을 때는 참고자료를 많이 건네주고, 아직 눈에 보이지 않는 게임에 대한 설명을 하기 마련이다. 시각적 가이드가 결정되지 않은 상태에서 설명을 들으면서 우선순위를 파악하기는 쉽지 않다. 그래서 문서를 작성할 때 전달하는 정보의 우선순위를 정리해서 알려주면 듣는 이들이 훨씬 쉽게 이해할 것이다.

표현되어야 하는 이미지 요소 중에서 '반드시 들어가야 하는 요소', '들어가면 좋지만, 반드시 들어갈 필요는 없는 요소', '절대 들어가면 안 되는 요소'들을 구별해서 정리한다. 물론 이유도 명시해야 한다. 반드시 들어가야 하는 요소들은 왜 있어야 하는지 설명을 적고, 절대 들어가면 안 되는 부분들에 대한 이유들도 적는다. 제약이 되는 사항들을 구체적으로 정리해서 전달하면 작업 시 서로 오해할 여지가 줄어든다.

게임 디자이너를 위한 문서 작성 기술

만들고자 하는 게임에 어울릴 캐릭터 이미지를 찾는다. 인터넷이나 화보집 등을 활용해서 기대하는 캐릭터와 가장 비슷한 이미지를 검색한다.

찾은 이미지를 보고 주요한 특징을 적는다. 물론, 여기에서 적는 특징은 이미지의 특징이 아니라 내가 만들고자 하는 캐릭터의 외형에 필요한 주요 특징이다. 참고할 이미지들을 찾으면서 캐릭터의 특징은 처음에 생각했던 것보다 늘어날 수 있다. 내 생각의 범위를 확장하기 위해서 자료조사를 하는 것이므로 원하는 구성요소가 더 늘어나는 것은 좋은 현상이다. 하지만 요소가 너무 많이 늘어난다면 그것은 문제이니 경계해야 한다. 외형적인 묘사를 위해서 아티스트와 논의할 것이므로 외형적 표현을 중심으로 목록을 정리한다.

□ 키가 크다.
□ 녹색의 두건과 옷을 입고 있다.
□ 한쪽 어깨에만 견갑을 대고 있다.
□ 허리 버클의 장식은 태양의 모양이다.

적은 목록들이 왜 게임에 어울린다고 생각하는지 이유를 적는다. 그리고 반드시 그렇게 되어야 하는 것인지에 대한 반대 의견도 적어본다.

만약 반대 의견이 타당하다면 그 이유는 중요하지 않은 것이다. 참고자료를 찾는 과정에서 마음에 드는 이미지가 있을 때 그 이미지에 현혹되어 내 생각을 참고하는 이미지에 맞추지 않도록도 해야 한다.

- □ 숲에서 활동하는 조직이므로 녹색의 옷을 입는다. - 숲에 어울리는 의상이면 되는 것이 아닌가?
- □ 활을 쓰는 레인저들이므로 활을 당기는 팔은 견갑을 두르지 않는다. - 방어구로 어떤 무기를 사용하는지를 표현하고 싶다.
- □ 태양신을 섬기는 사제들이므로 태양신의 상징이 필요하다. - 꼭 허리 버클이어야 하는가, 혹은 태양신의 상징을 지니고 있기만 하면 되는가?

목록을 만들어보면 좀 더 객관적으로 판단할 수 있다. 나의 주관적인 취향의 반영인지 혹은 게임에 정말 필요하다고 생각되어 이미지에 해당 부분이 반영되어야 하는지가 정리된다.

- □ 내가 녹색을 좋아한다. (X)
- □ 설정상 이 캐릭터가 속한 그룹은 녹색의 의상을 입는다. 그리고 이 게임에서 설정의 표현은 중요하다. (O)
- □ 활을 사용하는 캐릭터가 멋있어 보인다. (X)
- □ 이 캐릭터의 장비는 활이다. (O)

물론 주관적인 판단이더라도 들어가면 게임과 잘 어울릴 것 같은 부분들도 있다. 그 부분은 따로 정리해서 전달해야 한다. 반면에 필요하다고 생각하지만 게임 내에서 효용성이 없는 부분도 있다. 분명히 의미 있는 내용이지만 게임 내에서 보여주기 어렵다거나 게임의 리소스 제작에는 어울리지 않지만 아트 컨셉에는 필요한 내용일 수도 있다. 그런 부분들도 분리해서 정리한다.

□ 설정상 이 캐릭터가 속한 그룹은 녹색의 의상을 입는다. - 게임 내에서 이 설정은 그다지 중요하지 않다. - 해당 내용은 반드시 필요한 게 아니다.
□ 허리 버클의 장식은 태양의 모양이다. - 하지만 게임 내 캐릭터는 3등신이라서 허리 버클은 보이지 않는다. - 이 내용은 참고자료로 제시할 수 있으나 게임 리소스를 위한 아트 작업에 반영해야 하는지 아닌지에 대한 기준을 알려준다.

찾은 이미지는 내가 구한 이미지들 중에서 가장 좋은 것이지 게임에 적합한 이미지는 아니므로 추가적으로 게임을 위해서 표현되어야 하는 내용이 있는지 생각해보고 그 목록도 추가한다.

여기까지는 컨셉을 위한 내용 정리다. 정리한 내용을 주변의 아티스트들에게 보여주고 어떤 컨셉을 잡을 수 있을지 물어본다. 만약 아티스트가 그것을 보고 내가 참고용으로 찾았던 이미지와 거의 흡사한 이미지를 잡았다면 아티스트의 의견이 적게 반영되었을 가능성이 높고, 머릿속에 갖고 있는 이미지를 강요했을 수도 있다. 필요한 요소를 이용해서 아티스트가 자신의 능력을 충분히 발휘할 수 있도록 설명했는지, 모 방을 위한 내용을 설명했는지를 생각해보자.

컨셉이 결정되었다면, 실제로 게임 내에서 필요한 리소스는 어떤 것 인지 목록으로 정리한다. 점프를 하면서 횡스크롤로 이동하는 게임이 라면 캐릭터의 정지, 이동 – 걷기, 이동 – 달리기, 점프 등의 모션이 필요 할 것이다. UI에 보일 캐릭터 아이콘이 필요할 수도 있고, 캐릭터를 선 택하기 위한 이미지가 필요할 수도 있다. 이런 식으로 게임 내에서 필 요한 목록을 작성해본다. 아티스트가 무슨 작업을 해야 하는지 고민하 지 않고 그 목록만 보고 작업할 수 있다면 괜찮게 만든 것이다.

게임 디자이너를 위한 문서 작성 기술

요약

- 원하는 분위기를 전달하기 위해서 참고자료를 준비한다.

- 실제로 필요한 내용인지, 개인의 취향인지를 구별해야 한다.

    - 그들의 본분을 존중하라.

    - 반드시 필요한 것, 되면 좋은 것, 절대 되면 안 되는 것을 분리해
      서 설명해라.

- 필요한 것을 설명할 때는 이유도 추가한다.

- 아티스트가 일의 범위를 알 수 있는 가이드를 제공해라.

- 작업 목록을 만들어라.

캐릭터 제작을 위한 컨셉 문서

캐릭터, 혹은 몬스터의 아트 작업을 위한 문서다. 아티스트에게 주는 문서에는 관련된 설정을 적는 것이 좋은데, 그렇게 하면 아티스트들이 게임 내 세계에 대해서 이해하기가 쉽고 세계를 형상화하기에 용이하다. 그 외에 게임 내에서 어떻게 활용되며 대략적인 제작 수량에 대해서도 알려주어야 한다. 이 문서는 몬스터를 위해 작성한 문서로 모든 내용을 담고 있다고 할 수는 없고, 초기에 컨셉 원화 작업을 위해 작성되었다. 차후에 컨셉 원화가 진행되는 과정에서 필요한 내용이 좀 더 구체적으로 명시되고 최종적으로 나와야 하는 결과물의 목록이 완성된다.

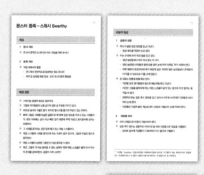

▶ 5장의 샘플 문서

게임 디자이너를 위한 문서 작성 기술

몬스터 종족 – 스워시 Swarthy

개요

1 문서 개요

➡ 몬스터 종족인 [스워시]의 아트 작업을 위한 문서다.

2 종족 개요

➡ 게임 내에서의 활용

- 존 C에서 전반적으로 등장하는 필드 몬스터
- NPC로 등장할 예정 없음 : 모두 몬스터로만 활용됨

배경 설정

➡ 스워시는 일종의 광신도 집단이다.

➡ 그들은 자기들만의 신을 섬기며 검은 성 주변을 지키고 있다.

➡ 외관상 남녀의 구별은 없다. 하지만 말소리를 들으면 여성도 있는 듯하다.

➡ 본래 그들은 시체를 되살린 골렘으로 뼈 위에 검은 망토를 두르고 있는 시체들이다. 망토 아래에는 살이 아닌 뼈만 있기 때문에 무척 마르고 호리호리해 보이는 외형이다.

➡ 그 시체를 움직이는 것은 등에 메고 있는 마법 스크롤이다.

➡ 마법 스크롤에 시체를 움직이게 하는 주문이 걸려 있으며, 그들은 마법의 힘으로 움직인다.

➡ 마법 스크롤이 상하면 그들은 더 이상 움직일 수 없다.

➡ 혹은, 그들이 더 이상 움직일 수 없는 상태가 되면 마법 스크롤은 불에 타서 자신의 존재를 감춰버린다. 일종의 자폭 스위치?

외형적 특징

1 공통적 외형

➡ 후드가 달린 검은 망토를 입고 다닌다.
  - 항상 후드를 뒤집어 쓰고 있다.
➡ 키는 큰 편에 아주 마른 몸을 갖고 있다.
  - 일반 농민들보다 머리 하나 정도 더 크다.
  - 일반 농민(몬스터)들과 함께 있을 경우 눈에 띄며 타겟팅*하기 쉬워야 한다.
  - 마른 형태가 강조되어야 하기 때문에 같은 키라면 일반 농민들보다 존재감이 더 적을 수 있으므로 키를 크게 만든다.
➡ 등 뒤로는 원통형 함을 메고 있다.
  - 지관통 같은 원기둥형의 통으로 배낭처럼 메고 다닌다.
  - 이것은 그들을 움직이게 하는 마법 스크롤이 담겨 있는 통으로 이것 없이는 움직일 수 없다.
  - 전체적으로는 검은 후드 망토를 입고 있어서 어두워 보이지만 지관통은 화려하여 눈에 띈다.
  - 지관통은 가급적 밝은 색으로 한다. 망토와 구별되어 눈에 띄어야 한다.

2 계급별 차이

➡ 크게 3계급으로 외형이 구별되어야 한다.
➡ 검은 후드 망토는 공통적인 이미지로 등 뒤의 지관통으로 계급을 구별한다.
  - 상위로 갈수록 지관통이 더 화려하다거나 컬러로 구별한다.

---

* 타겟팅. Targeting. 국립국어원의 외래어표기법에 따르면 '타기팅'이 맞는 표현이지만 현업에서는 '타겟팅'이라고 더 많이 사용하기에 여기에서는 '타겟팅'으로 표기하였다.

애니메이션

1 일반 행동

➡ 약간은 구부정하고 휘청거리듯 움직인다.

- 일반 사람이 아니라 뼈로 이루어진 신체적 특징이 동작에서 나타난다.

➡ 일반 이동은 약간은 비틀거리는 듯한 느낌으로 걷는다.

- 생기가 있는 이의 움직임이 아니라 최면에 걸렸거나 좀비 같은 움직임
- 일반 사람과 움직임이 다르다.

2 전투 행동

➡ 스워시는 모두 마법사형이다.

➡ 계급에 따라 다른 무기를 갖는다.

- 하급 : 무기가 없다. 양손에 아무것도 들고 있지 않다.
- 중급 : 마법서 같은 책을 한 손에 들고 있다.
- 상급 : 구체의 오브를 한 손에 들고 있다.

➡ 무기와는 무관하게 일반 이동과 일반 공격은 같은 모션을 쓸 수 있도록 디자인 한다.

➡ 계급에 따라 지관통의 모양(컬러나 화려함 정도)도 다르다.

3 사망

➡ 죽으면 조립된 뼈가 분해되듯이 쓰러진다.

- 사람이 쓰러지는 느낌보다는 망토가 푹 꺼지는 듯한 느낌

➡ 등 뒤의 스크롤이 불에 탄다.

- 꺼진 망토에 불에 그슬린 지관통이 떨어지는 느낌

➡ 마법 스크롤의 효력이 다해서 스크롤은 불타고, 뼈를 지탱하던 마법의 힘이 사라 지며, 지관통의 봉인(뚜껑)은 스크롤이 타버리면서 부분적으로 파손된 느낌

→ 시체 모습에 지관통이 보이면 좋다.
- 차후에 몬스터를 사냥하고 지관통을 수집하는 퀘스트가 들어갈 예정

4 기타 모션

→ 주변을 두리번거리다가 농민의 시체를 들고 사라진다.
- 데코용 NPC들에게 사용될 모션으로 같이 배치되는 난폭한 농민들이 죽고 시체로 오래 방치되어 있으면 등장해서 농민의 시체를 가져간다.
  이때 등장하는 몬스터들은 전투용이 아니라 필드 데코용으로 전투에 참여하지는 않는다.
- 검은 성의 설정을 설명하기 위한 장치로 사용할 예정

필요 제작 수량

1 일반 몬스터용

→ 외형 1종
→ 일반 공격 1종
→ 스킬용 공격 3종
- 몬스터 3종을 만들고, 하나씩 다른 공격 스킬을 부여할 예정
→ 소셜 3종
- 소셜 액션 3종은 비전투 시 보인다.

2 리더 몬스터용

→ 외형 2종
→ 스킬용 공격 4종
- 리더용은 2종 제작 예정이며 각각 공격 스킬은 2종 사용 예정
- 일반 공격은 일반 몬스터용 공격 모션을 공통으로 사용할 예정

➡ 소설 2종

3 희귀 몬스터용

➡ 외형 1종

➡ 스킬용 공격 3종

➡ 소셜 2종

➡ 대화 액션 1종

    - 주문을 외울 때 사용할 모션

    - 전투 시작 전에 타겟*(PC)을 발견하면 주문을 외우고 공격에 들어간다.

---

* 타겟. Target. 국립국어원의 외래어표기법에 따르면 '타깃'이 맞는 표현이지만 현업에서는 '타겟'이라고 더 많이 사용하기에 여기에서는 '타겟'으로 표기하였다.

제 6 장

게임 구조 설계
Game Structure

게임의 모든 플레이 요소들이 서로 어떻게 연결되고 영향을
받는지 게임의 골격을 결정하는 것은 중요하다. 일시적인 게임
플레이가 플레이어들의 흥미를 유발할 수는 있지만, 장시간
게임에 몰입하게 하기 위해서는 전체 구성이 탄탄해야 한다.

전체와 부분

영상은 개봉하기 전에 예고 영상Trailer이 공개되곤 한다. 이 예고 영상은 영화의 일부 장면만 공개하는데, 이걸 본 사람들이 영화에 흥미를 느껴 보러 오기를 기대하기 때문에 일반적으로는 영화의 가장 매력적인 부분을 담기 마련이다. 혹은 매력적으로 보이게끔 편집을 해서 영화에 대한 흥미를 갖도록 만든다. 만약, 영화 속에서 멋진 CGComputer Graphic가 사용되었다면 CG 부분이 부각되도록 영상을 만들고, 영화에 인기가 많은 배우가 나온다면 배우가 등장하는 부분을 집중적으로 보여준다. 하지만 예고편은 영화가 아니고, 일부만을 보여줄 뿐이다. 영화를 보면 예고에는 나오지 않는 다른 소소한 장면들이 있을 것이다. 예고 영상이 장면들의 연결이라면 영화에는 이야기의 흐름이 있다.

게임 제작 시 가장 먼저 만드는 부분은 게임의 핵심 플레이로, 개발 초기부터 기반을 잡고 진행하면 오랜 시간 동안 테스트할 수 있어서 가장 좋은 결과물을 만들 수 있다. 하지만 핵심 플레이가 게임의 전체 모습이라고 말할 수는 없다. 영화에서 이야기가 진행되면서 기승전결이 있듯이 게임에서도 플레이의 흐름이 있고, 게임의 여러 구성요소들을 어떻게 연결할지 정리가 필요하다.

게임의 구조

　게임을 개발할 때, 제일 먼저 만드는 것은 프로토타입이다. 프로토타입은 게임 플레이 중에서 가장 핵심의 플레이 부분을 구현하는데, 이것만으로 게임의 전체적인 모습을 가늠하는 것은 쉽지 않다. 게임이 간단하고 규모가 작은 게임이라면 예측할 수도 있겠지만 프로토타입만으로 게임의 전체적인 모습을 설명할 수 있다고 말하기는 어렵다. 만약 같은 모양의 유닛 3개를 배열해서 없애는 퍼즐류의 게임을 만든다면, 처음에는 이런 규칙이 게임으로 진행될 수 있을지, 내가 생각한 대로 플레이가 되는지를 확인해볼 것이다. 그리고 그런 플레이가 괜찮다는 판단이 들면 이런 플레이 패턴을 얼마나 다양하게 만들어야 하고, 레벨은 어느 정도로 분류할 것이며, 레벨마다 유닛의 차별화는 어떻게 할지를 고민하고 결정해야 한다. 이렇게 게임의 전체적인 모습이 정리된다.

　프로토타입은 게임의 핵심이지만, 게임의 전체적인 모습을 그리기 위해서는 다른 사소한 것들도 필요하다. 만약 전투가 중요한 게임이라면 별다른 지형지물이 없는 평평한 지형에서 캐릭터가 이동하고 몬스터를 공격하는 부분을 프로토타입으로 구현할 것이다. 물론 단순해 보이는 이 과정에도 꽤 많은 내용이 필요하다. 그리고 전투의 플레이 부분에 대한 느낌을 잡았다면 플레이어 캐릭터가 어떻게 전투를 시작하고, 전투가 종료된 이후에는 무엇을 할지 전후에 대한 플레이 흐름을 계획한다. 전투를 시작하기 전에는 무엇을 할지, 전투를 여러 번 하고 나면 어떤 것을 얻는지, 그다음의 플레이는 무엇이며 새로운 요소가 등장하는 것은 언제인지 등에 대해 큰 플레이 흐름을 만들어 나간다.

던전을 탐험하고 몬스터와 전투를 하는 액션 RPG게임을 만들려고 한다. 가장 먼저 프로토타입으로 만들 부분은 전투다. 액션 RPG인데 전투가 평범하다면 매력이 없을 것이다. 그래서 전투의 액션 느낌을 살리기 위해 전투 컨셉도 잡고 애니메이션이나 연출을 넣을 때 어떤 장면이 인상적이 되도록 만들어야 할지 고민한다. 이 전투의 느낌을 먼저 잡아야 다음 단계로 나아갈 수 있다.

하지만 성장의 요소가 있고, 다양한 컨텐츠가 필요한 RPG게임에서 전투만 멋지다고 게임이 모두 재미있는 것은 아니다. 플레이어에게 적절하게 동기부여도 해야 하고, 단기적이거나 장기적인 플레이의 목표도 제시해야 한다. 어떻게 모험을 시작하며 캐릭터의 목표는 무엇인지, 성장 단계별로 어떤 플레이의 흐름이 진행되고, 각 컨텐츠들은 어떻게 내용이 흘러가는지에 대한 계획을 세운다.

캐릭터는 게임 내에서 어떤 행동을 할 수 있을 것인가. 필드 사냥터에서 자잘한 몬스터를 사냥하고, 던전 사냥터에서 기믹을 이용한 전투를 하고, 보스를 만나 다양한 전략을 구상하고, 좋은 장비를 구입하거나 만들고, 작은 아이템들을 제작하고 거래하는 등. 캐릭터가 가장 많이 하는 행동은 전투일 수 있지만 그 외에도 다양한 할 일들이 있다. 이 많은 컨텐츠들을 어떻게 연결해야 할까.

가장 간단한 흐름은 사냥을 하고, 골드를 모아서 장비를 사는 것이다. 좋은 장비를 사면 더 어려운 사냥터로 갈 수 있기에 골드를 모아서 더 좋은 장비를 살 것이다. 짧지만 이것도 하나의 흐름이다. 필드에서 사냥을 하고, 재료를 모아서 제작하고, 결과물이 좋으면 장비로 사용하고 좋지 않으면 팔아서 돈을 모으고 돈으로 더 많이 제작하거나 장비를 돈으로 산다.

다양한 컨텐츠들의 흐름은 플레이어들이 알아서 찾아가는 게 아니라 게임 디자이너가 의도를 갖고 만든다. 이는 컨텐츠의 확장 단계나 자원의 흐름이 되어 플레이어의 게임 진행에 따른 몰입을 조절하고 게임 내 경제 규모를 관리한다.

게임의 규모가 상대적으로 크고 다양한 컨텐츠들이 있는 RPG는 많은 컨텐츠들을 유기적으로 연결해서 플레이어가 혼란스럽지 않게 게임을 진행할 수 있게 해야 한다. 온라인 게임처럼 새로운 컨텐츠가 계속 추가되는 경우에도 기존의 흐름을 깨지 않도록 부드럽게 연결해준다.

일부 게임은 한 번에 전체적인 모습을 잡기 어려울 수도 있다. 게임 내의 구성요소들이 많거나, 몇 가지 요소들이 독립적으로 진행되는 것이 있어서 하나의 흐름으로 이야기하기 어려울 수도 있다. 게임 전체를 동시에 개발하기에는 규모가 너무 커서 한 부분씩 개발하는 경우도 생긴다. 이런 경우에도 하나의 개발 주기 내에서는 게임으로서의 흐름을 갖고 있어야 하고, 구성요소 간에 연결성이 있어야 한다. 차후 게임의 규모를 키워

게임 디자이너를 위한 문서 작성 기술

나가면서 추가로 개발해야 하는 요소들을 기존의 구성요소에 연결해서 만들어 간다. 예를 들어, 여러 가지 에피소드들로 진행되는 드라마라도 각 에피소드에 대한 이야기는 완결되어야 한다는 것이다. 그 에피소드들과 각 에피소드 사이의 사소한, 때로는 중요해 보이지 않는 사건들이 나중에 연결되어서 시즌의 이야기가 될지라도 말이다.

게임의 구조를 정리하다 보면 내가 핵심 플레이라고 생각했던 부분이 사실은 명확하지 않다는 것을 깨닫거나, 처음 구상했던 핵심 플레이가 전체 그림과 연결되기에는 부자연스러운 부분이 있어서 세부적인 사항들을 다시 고려해서 계획을 세워야 하는 경우가 발생하기도 한다. 그래서 프로토타입에 대해서 구상을 하고 나면, 이것이 완료될 경우에 게임의 전체 모습은 어떻게 구성되어야 할지 계획을 잡아야 한다. 미리 계획을 세워보고 완성된 게임에 대해 구상해보면 프로토타입의 계획을 좀 더 자세하게 세울 수 있거나, 차후 구현의 연결성을 위해서 어떤 부분들을 미리 고려하고 진행해야 할지 생각이 정리되기도 한다. 게임을 만들기 위해서는 항상 그다음 단계에 대한 고민을 미리 해야 한다.

플레이의 흐름

게임의 구조를 잡는다는 것은 게임을 실행하고 종료할 때까지의 큰 플레이의 흐름에 대한 구상과도 같다. 이것은 단순히 UI User Interface 를 말하는 것이 아니라 게임 플레이의 흐름이나 게임 내 구성요소들 Contents의 흐름이다. 시작과 종료라는 것이 게임을 실행하고 종료시키는 것을 말하는 것이 아니다. 이 흐름을 잡으면 각각의 요소들이 어떻게 연관되어 있는지 정리할 수 있고, 그렇게 하다 보면 게임의 전체적인 모습과 규모를 알 수 있다.

시작은 프로토타입부터다. 게임의 핵심 플레이 요소라고 생각하는 것을 프로토타입으로 먼저 만들어봐야겠다고 생각했을 것이다. 거대 보스와의 전투를 핵심으로 게임을 만들고자 한다면, 우선은 거대 보스와의 전투를 구현하고 의도대로 나올지 검토하기를 기대할 것이다. 얼마나 큰 보스와 얼마나 많은 움직임으로 전투를 할지, 플레이를 과연 의도한 대로 구현할 수 있을지를 확인한 후, 전투 외의 다른 부분을 구현한다. 보스를 한 마리만 상대하게 할지, 보스와의 전투가 끝나면 맵을 바꿔서 다른 거대 보스와 전투를 할지, 같은 맵에서 보스가 계속 바뀌면서 등장하게 할지 등, 플레이의 시작부터 끝까지 어떻게 진행할지를 정리한다.

그렇다면 그 핵심 플레이 요소는 어떻게 시작하고, 종료되면 이후에는 어떤 플레이가 이루어질까. 그리고 그전에는? 이렇게 조금씩 플레이

게임 디자이너를 위한 문서 작성 기술

영역을 넓혀가면서 구성한다.

　예를 들어, 거대한 몬스터 Monster 와 전투하는 게임을 만들어보자. 여기에서 핵심은 몬스터와의 전투다. 아마 최우선으로 전투 부분을 구현할 것이다. 적당한 전투 공식과 전투에 필요한 요소들을 고려하고 나면 전투 주변의 것을 고민해야 한다. 전투를 하려면 어떤 과정을 거쳐야 할까? 어떤 과정으로 몬스터와 만나서 전투를 시작하게 될까? 맵에 입장하면 곧바로 몬스터와 전투를 하게 될까? 그렇다면 맵에 입장하는 과정이 필요할 것이다. 몬스터와는 금방 만나게 될까? 혹은 찾기 위해서 맵을 뒤져야 할까? 여기에서 맵의 규모와 필요한 구성요소들이 나오게 된다. 또 이 맵에서 전투 외의 플레이어 캐릭터의 행동은 어떤 것이 있을 수 있을까?

　그럼 전투가 종료되면 어떤 일이 벌어질까? 전투 종료의 방법은 두 가지가 있다. 성공 혹은 실패다. 성공하면? 성공하면 보상을 받고, 다시 맵을 선택해서 새로운 맵으로 입장하게 할까? 혹은 동일한 맵에 보스가 새로 스폰 Spawn 되는 것일까?

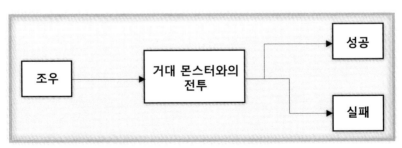

▲ 몬스터 조우 기본 흐름(Flow)

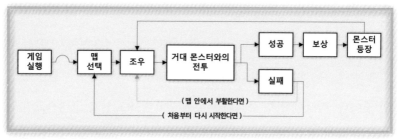

▲ 몬스터 조우 흐름의 확장

　실패하면? 전투하던 맵에서 부활할지 다시 맵을 선택해서 들어오게 할지를 결정하면 전투 중 사망에 대해서 어떻게 처리할지가 정리된다.

　제일 앞의 게임 실행에서 이렇게 일어나야 하는 일을 한 단계씩 추가하면 게임을 실행했을 때 어떤 화면이 보이고, 어떤 선택들을 통해서 핵심까지 접근하는지 메인 흐름이 나오며, 각 단계에서 어떤 선택을 할 수 있는지도 알 수 있다. 이렇게 게임의 전체적인 모습이 조금씩 가시화된다.

　플레이의 동선에 따라 정리할 수도 있고, 게임의 요소Contents들이 어떻게 연결되는지에 따라 정리할 수도 있다. 예를 들면, 전투를 하고, 전투 보상으로 경험치를 얻고, 경험치를 얻어서 레벨을 올리고, 레벨이 올라가면서 새로운 지역이 열리고, 새로운 이야기가 등장하는 등 구성 요소들의 연결로 정리할 수도 있는 것이다. 이렇게 요소를 중심으로 플레이의 흐름을 정리하는 것은 엔딩이 없는 온라인 게임에서 주로 사용하는데, 결말이 없다 보니 게임 플레이는 순환 구조를 가져야만 한다. 그래야 플레이어들이 끊어짐 없이 지속적인 플레이를 할 수 있기 때문

　게임 디자이너를 위한 문서 작성 기술

이다. 굳이 새로운 경험이 없어도 요소들의 흐름이 부드럽게 순환된다면 지속적으로 게임을 즐길 수 있다.

게임의 전체 구조를 정리하고 나면 게임 규모Volume가 결정된다. 구성요소들이 얼마나 많으며 그 요소들이 어떻게 연결되어 있고, 세부적으로 무엇을 얼마나 만들어야 할까 하는 것들 말이다. 그러면 게임의 크기가 가늠되고, 프로덕션 단계에 들어갈 때 작업 일정과 대략적 업무 부담을 예측해볼 수 있다.

보스전 제작 시 맵을 여러 장 만들 것인가, 같은 맵에서 보스만 변경할 것인가? 지리적 조건은 어떻게 할 것인가? 또 플레이의 시작 – 종료까지 스토리가 있는 게임이라면 스토리에 따라 진행되고 종료가 있을 것이다. 스토리가 없는 게임이라면 어떤 내용이 몇 개나 있을지를 정할 수 있다. 아케이드 게임이라면 레벨이 몇 개나 있는지/스테이지를 몇 개나 만들지 가늠한다.

온라인 게임이라면 지속적으로 플레이를 할 수 있어야 하기 때문에 엄밀히 말해 게임의 종료, 엔딩이 없다. 대신 그 안에서 컨텐츠들의 흐름이 정리되어야 한다.

문서 작성과 연습

문서 작성은 읽는 이가 이해하기 쉽게 해야 한다. 한두 가지의 요소를 설명하는 것은 어렵지 않지만, 플레이 흐름을 이해시키려면 좀 더 신중한 설명이 필요하다. 내가 알고 있는 게임을 다른 이들에게 설명해 본 적이 있다면 이 말을 이해할 수 있을 것이다. 한 부분이 아니라 게임 전체를 설명하거나, 혹은 영화/드라마 등을 전체적으로 다른 이들에게 설명해보면 내가 전체적인 모습을 잘 설명하는지, 너무 부분에만 신경 쓰는지를 알 수 있다. 그리고 어떻게 설명을 해야 듣는 이들이 전체적인 맥락을 잘 이해할 수 있는지도 알게 될 것이다.

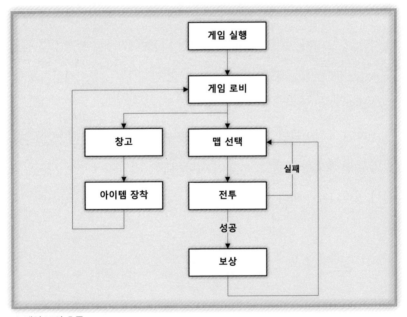

▲ 게임 UI의 흐름

게임 디자이너를 위한 문서 작성 기술

게임에 대한 정보가 거의 없는 사람들에게는 UI의 흐름에 따라 설명하면 이해시키는 데 도움이 된다. 결국, 우리가 알아야 하는 것은 게임이 어떻게 플레이어들에게 보일까 하는 것이기 때문이다. 플레이어에게 어떻게 보일지를 설명하면 만드는 게임의 모습이 드러난다. 그리고 각 부분마다 화면을 중심으로 필요한 내용들을 정리하고, 그다음 단계에서 필요한 내용들을 정리한다.

게임의 구성요소들이 연결되는 것에 대한 설명도 필요하다. 하나의 플레이가 어떻게 다른 플레이로 연결되는지 – 전투를 하다가 채집이나 제작을 언제 어떻게 하게 되는지, 게임 내의 플레이 혹은 게임 내의 자원/재화들이 어떻게 흘러가고 어떤 유기적인 관계를 갖는지를 설명하면 큰 틀에서 개념을 이해하기에 좋다.

이에 따라 많이 이용하는 것이 순서도 Flow Chart 나 개념도 Mindmap 이다. 문자만으로 설명하는 것보다는 서로의 연결 관계를 그린 도표가 이해하기 더 좋은 법이다. 큰 개념을 잡으면 그다음의 세부적인 규칙들은 설명도 쉽고 이해도 쉽다.

주의할 점은, 하나에 너무 많은 내용을 담으려고 하지 말라는 것이다. 플레이의 큰 흐름을 쉽게 이해시키기 위해 순서도나 개념도를 사용하는 것이다. 모든 경우의 조건을 설명하려고 하면 복잡해지기 때문에 오히려 읽고 이해하기에 번거로워질 것이다. 나타내야 하는 것이 많으면 세부적으로 단계를 조절해가면서 설명하는 것이 좋다.

기존의 게임 중에서 규모가 큰 게임을 하나 선정해서 흐름을 정리해
보자.

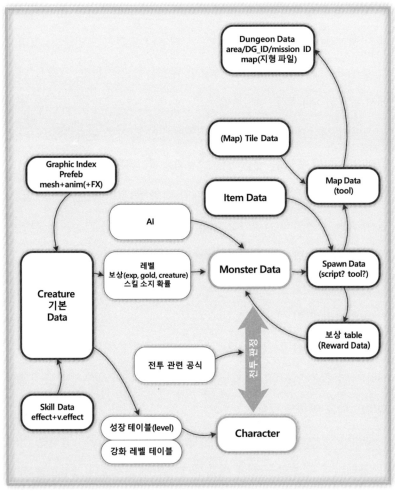

▲ 게임 내 컨텐츠의 흐름

　　　　　　　　　　　　　　게임 디자이너를 위한 문서 작성 기술

요약

- 핵심 플레이 부분을 정리한 후, 게임 전체의 구조를 정리한다.

- 게임의 시작과 종료 사이의 과정에 플레이어가 어떤 행동을 할지를 순서대로 정리한다.

- 게임 내에 많은 구성요소들이 있다면 이것들은 어떻게 서로 연결되는지를 그려본다.

  - 이것이 게임의 플레이 흐름이고, 게임 내 자원의 흐름이다.

- 게임의 구조를 정리하면 게임의 규모에 대해서도 어느 정도 예측이 끝난다.

  - 게임을 개발하기 위해서 얼마의 자원이 필요한지를 알 수 있다.

  - 이를 바탕으로 일정 등을 예측할 수 있다.

게임 전체의
컨텐츠 흐름을 설명하는 문서

게임에 컨텐츠가 많으면 그들끼리 어떻게 연계되고 플레이의 흐름이 어떻게 연결되는지
정리가 필요하다. 규모가 큰 게임일수록 이 흐름을 정리하지 않으면 단편적인 플레이는
재미있어도 지속적으로 플레이를 할 때 매끄럽게 진행되지 않거나 동기부여가 약해진다.

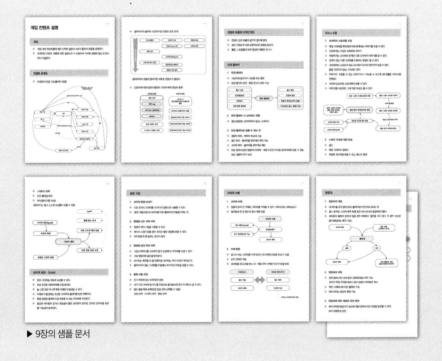

▶ 9장의 샘플 문서

게임 디자이너를 위한 문서 작성 기술

게임 컨텐츠 설명

개요

➜ 게임 내의 컨텐츠들에 대한 간략한 설명과 서로의 플레이 흐름을 설명한다.

➜ 전체적인 컨텐츠 흐름에 대한 설명으로 각 컨텐츠의 자세한 설명은 별도의 문서에서 기술한다.

컨텐츠 관계도

➜ 컨텐츠의 연결 구조(플레이 흐름)

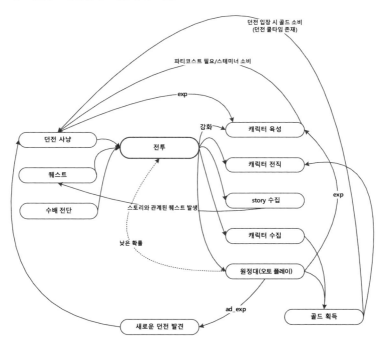

➡ 플레이어의 플레이 시간에 따른 컨텐츠 오픈 단계

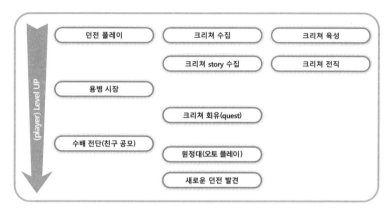

플레이어의 경험이 많아지면 새로운 컨텐츠가 열린다.

➡ 입장차에 의한 던전의 종류와 크리쳐 획득 방법의 종류

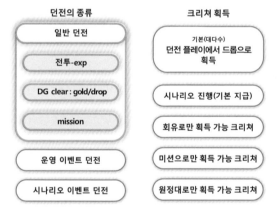

게임 디자이너를 위한 문서 작성 기술

컨텐츠 흐름의 디자인 의도

➡ 컨텐츠 간의 흐름이 끊기지 않도록 한다.

➡ 모든 컨텐츠가 서로 순환하도록 흐름을 잡는다.

➡ 물론 그 흐름들이 모두 동일한 비중은 아니다.

던전 플레이

1 던전 플레이

➡ 사냥터에 들어가서 사냥을 하는 행위

➡ 던전 클리어 조건 - 등장 몬스터 모두 사냥

2 던전 플레이 시 소비되는 것들

➡ 골드(입장료), 크리쳐(파티 필요), 스테미너

3 던전 플레이로 얻을 수 있는 것

➡ 경험치 획득 - 캐릭터 육성에 사용

➡ 골드 획득 - 클리어할 경우에만 획득 가능

➡ 크리쳐 획득 - 클리어할 경우에만 해당

➡ 미션 클리어(골드/경험치/크리쳐) - 특정 조건인 미션을 클리어하면 얻을 수 있는 보상. 일종의 추가 보상

Story 수집

1 크리쳐의 스토리를 수집

➡ 특정 크리쳐를 획득하면 이에 관계되는 이야기를 모을 수 있다.

➡ 간단하게는 수집한 크리쳐의 이야기

➡ 복잡하게는 크리쳐와 관계된 다른 크리쳐의 이야기를 알 수 있다.

➡ 관계가 있는 다른 크리쳐를 수집하는 방법도 알 수 있다.

➡ 크리쳐마다 스토리가 최소 하나에서 다수의 이야기가 있을 수 있다.
물론, 이야기가 없는 크리쳐도 있다.

➡ 이야기도 수집할 수 있는 컨텐츠로서 기능할 수 있도록 한다(물론, 마이너한 컨텐츠).

➡ 크리쳐 도감처럼 스토리북이 있을 수 있다.

➡ 이야기를 수집하면, 그에 대한 보상도 줄 수 있다.

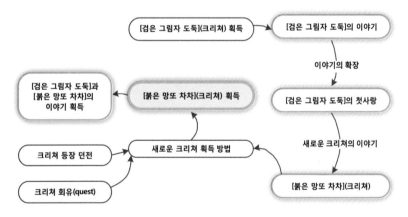

2 스토리 수집에 대한 보상

➡ 골드

➡ 해당 크리쳐의 경험치

➡ 특정한 크리쳐를 얻을 수 있는 퀘스트 발생

➡ 스테미너 회복

➡ 던전 쿨타임 회복

➡ 딱지(꽝에 대한 보상)

대단하지는 않고 소소한 보상들이 있을 수 있음

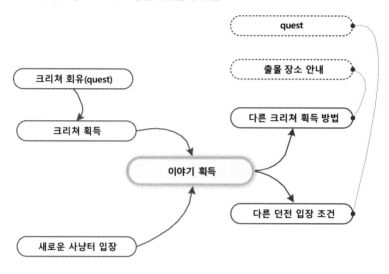

크리쳐 회유 - Quest

➡ 일부 크리쳐는 회유로 포섭할 수 있다.

➡ 회유 조건은 대화/아이템 수집 등이다.

➡ 늘 그런 것은 아니며 특정 이벤트가 발생할 수 있다.

➡ 이벤트가 발생하는 조건은 크리쳐와 플레이한 던전 목록이다.

➡ 특정 던전은 플레이 도중 회유할 수 있는 크리쳐와 조우한다.

➡ 필요한 아이템이 있거나 회유술이 좋은 크리쳐가 있다면, 조우한 크리쳐를 회유
할 가능성이 높아진다.

용병 시장

1 크리쳐 용병 보내기

➡ 다른 유저의 크리쳐를 내 파티의 일원으로 사용할 수 있다.

➡ (같은 개념으로) 내 크리쳐를 다른 플레이어가 활용(?)하는 것

2 용병을 쓰는 자의 이득

➡ 용병의 리더 스킬을 사용할 수 있다.

➡ 패시브 스킬이 있을 경우, 파티는 좋은 영향을 받을 수 있다.

➡ 파티원을 한 명 늘리는 효과가 있다.

3 용병을 보낸 자의 이득

➡ 시간/스테미너를 소비하지 않고 던전에 내 크리쳐를 보낼 수 있다.

➡ 사냥 경험치와 골드를 받아온다.

➡ 크리쳐는 획득할 수 없다(획득한 크리쳐는 파티 주인이 데려간다).

➡ 플레이하지 않는 크리쳐를 이용해서 부가적인 이득을 얻을 수 있다.

4 용병 사용 조건

➡ 친구 목록에 있는 유저/추천 용병

➡ 내가 가진 크리쳐 중 하나를 추천으로 올려놓으면 친구가 데리고 갈 수 있다.

➡ 별도 용병 목록 존재(던전 입장 전에 선택할 수 있음)

  던전 선택 - 내 파티 선택 - 용병 선택

크리쳐 수배

1 크리쳐 수배

→ 일종의 유저 간 거래로, 크리쳐를 거래할 수 있다. 거래 단위는 화폐(골드)

→ 일주일에 한 번 정도로 횟수 제한 있음

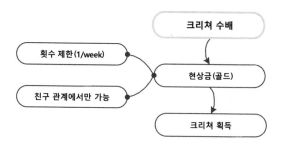

2 수배 방법

→ 얻고자 하는 크리쳐를 구해 달라고 친구에게 요청을 보낼 수 있음

→ 친구 간에만 가능

→ 크리쳐를 주고 돈을 받는 것 - 제일 먼저 구해준 친구가 돈을 받음

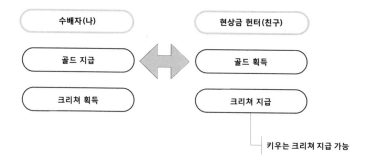

원정대

1 원정대의 개념

- 내 파티를 조작 없이(오토 플레이로) 던전으로 보내는 것
- 골드 획득량, 크리쳐 획득 확률 등은 파티 리더의 명성치에 따른다.
- 파티원이 충분히 강하지 않을 경우 패배하고 돌아올 수도 있다. 이 경우 보상은 없다(명성치는 획득 가능).

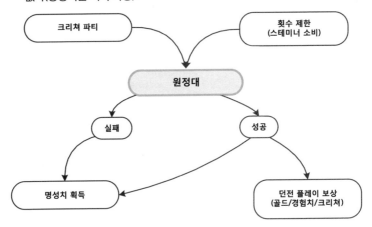

2 원정대의 이득

- 조작 없이(시간 소비 없이) 경험치/골드 획득 가능
  유저가 직접 조작할 때보다 골드/경험치 획득량은 적다.
- 적은 스테미너로 던전 플레이 가능
- 파티 리더는 명성치 획득 가능

3 원정대에 의한 새로운 던전 발견

- 파티 리더의 명성치가 높으면 해당 영역의 히든 던전을 발견할 수 있다.
  유저 이벤트성 던전

게임 디자이너를 위한 문서 작성 기술

개인 던전

- PC가 개인적으로 던전을 만들 수 있다.
- 타 PC의 던전에 입장하기 위해서는 돈을 지불한다.
- 내 던전을 꾸미기 위해서는 나의 크리쳐와 맵을 장식할 아이템이 필요하다.
- 후반 컨텐츠에 속한다.

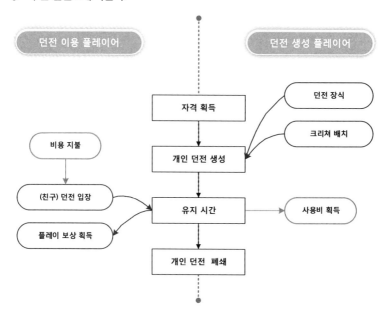

제 7 장

시스템 디자인
System Design

—

게임의 데이터들과 어떻게 맞물려서 게임의 규칙을 구성하고
원하는 모습으로 플레이가 진행되도록 할지를 계획하는 것이
시스템 디자인이다.

—

게임 구현을 위한 규칙

게임을 플레이하기 위해서는 게임의 규칙이 필요하다. 유닛, 카드, 지도 등의 구성요소를 갖고 있는 테이블 보드게임을 플레이하기 위해서는 제일 먼저 게임 규칙을 읽어야 한다. 각 구성요소들이 무엇을 의미하고, 플레이어들이 어떤 순서로 무슨 행동을 할 수 있으며, 행동의 우선순위나 점수의 기준, 판정의 기준 등에 관해 정의한 것이 게임 규칙이다. 플레이어들은 이 게임 규칙을 알아야 게임에 참여해 플레이를 할 수 있다.

소프트웨어의 일종인 비디오 게임에는 여기에 더해 소프트웨어를 구현하기 위한 논리적인 규칙흐름이 필요하다. 테이블 보드게임처럼 규칙만 정리된다고 게임을 할 수 있는 것이 아니다. 플레이어들이 할 수 있는 행동을 정의한 것이 게임의 규칙이라면, 게임의 데이터가 어떻게 처리되어야 하는지를 정의한 것이 게임의 논리적 규칙, 즉 시스템이라고 할 수 있다.

경부고속도로의 천안삼거리 휴게소를 가면 꽤 늦은 시간까지도 호두과자를 구입할 수 있다. 다른 휴게소 가게들이 문을 닫는 시간에도 호두과자를 구입할 수 있는 것은 천안이 호두과자로 유명하기 때문인 것도 있겠지만, 사람이 하나하나 호두과자를 만들지 않아도 기계가 전 과정을 자동으로 수행하기 때문이다. 호두과자 판매처에서 호두과자를 만드는 과정을 볼 수 있는데, 기계가 순서대로 공정을 진행해서 한 알씩 호두과자가 구워져 나오는 과정을 구경하는 게 꽤 재미있다.

과자틀이 레일에 맞춰서 천천히 돌아가는데, 이동 방향이 바뀌면서 자동으로 한쪽 면이 열리고, 반죽이 부어지고, 호두와 앙금이 들어가고, 다시 위에 반죽이 부어지고, 반대편 틀이 닫힌다. 그렇게 불 위를 천천히 돌다가 틀이 뒤집히고, 한 바퀴를 돌면 따끈따끈한 호두과자가 굴러 나온다. 다시 과자가 나온 빈 틀에 반죽이 부어지면서 같은 공정을 또다시 돌게 된다.

호두과자가 만들어지는 과정은 단순하다. 사람이 앙금과 반죽을 붓고 적당한 시간 동안 익히다가 뒤집으면 된다. 이렇게 단순한 공정으로 제조되는 과자를 많이 만들어내야 한다면 사람을 더 투입하기보다는 기계를 제작하는 게 효율적이다. 사람이라면 만드는 사람이 바뀔 때마다 호두과자 만드는 방법을 일일이 익혀야 한다. 그러면 완성된 호두과자의 결과물이 불 조절의 실패 등 주변 환경의 영향으로 조금 더 탄다거나, 덜 익는다거나 하는 등의 차이가 생길 수 있다. 하지만 기계로 만들어지는 호두과자는 정해진 규칙에 따라 자동으로 과정이 진행되기 때문에 매번 같은 결과물이 나오는 것을 기대할 수 있다. 호두과자를 만드는 방법이 게임의 규칙이라면 호두과자를 만들기 위한 기계를 만드는 것은 게임의 규칙을 구현하기 위한 규칙, 즉 시스템이다.

호두과자 기계를 만들기 위해서는 반죽을 얼마나 넣어야 하고, 호두는 몇 조각을 넣을지, 그 조각이 어떤 크기로 잘려져 있어야 하는지, 불 위에서 보내는 시간은 얼마나 되어야 하며, 언제쯤 뒤집어야 하는지 등에 대한 내용이 정리되어야 한다. 사람이 만들 때는 경험의 느낌으로 과자를 구울 수 있지만, 기계를 만들기 위해서는 기계가 어떻게 동작해야 하는지 정확하게 정의하고, 특정 불의 화력에서 얼마나 있어야 하는지를 계산하고, 과자틀이 이동할 레일의 길이를 정해야 한다. 이 모든 과정은 때로는 맛있는 호두과자를 만드는 것과는 무관한 것처럼 느껴지기도 하지만 모두 필요한 과정이고 알아야 하는 내용이다.

물론 과자틀에서 호두과자 3개가 만들어지도록 할지 4개가 만들어지도록 할지도 결정해야 하고, 호두 모양으로 할지 붕어 모양으로 할지도 정해야 한다. 호두과자를 만들겠다고 계획을 세웠으면 호두틀을 만들고, 속에 호두 조각을 넣을 것이다. 밤과자를 만들겠다고 계획을 세웠다면 속에 밤 조각이 들어갈 수도 있다. 이런 틀을 만들어놓으면, 과자의 크기와 모양은 이제 변할 수 없다. 틀로 만들어져 있고, 그 틀의 크기와 모양을 고려해서 전체 기계의 모습이 구성되어 있을 것이기 때문에 이 기계를 통해서 만들어지는 과자는 모두 같은 모양일 것이다. 하지만 내용물은 조금 달라질 수 있다. 호두과자이지만 속에 호두 조각이 아니라 땅콩 조각이 들어갈 수도 있고, 팥앙금 대신에 크림이 들어갈 수도 있다. 밀가루 반죽을 달콤하게 만들 수도 있고, 반죽에 찹쌀가루를 섞을 수도 있다. 들어가는 재료에 따라 만들어지는 호두과자의 맛이 달라지니 하나의 기계로 다양한 호두과자를 만들 수 있는 것이다.

호두과자 기계는 정해진 규칙에 따라 호두과자를 반복적으로, 매번 같은 결과물로 만들어낼 것으로 기대되기에 좀 더 손쉽게 많은 호두과자가 생산될 것이다. 사람이 만든다면 힘이 많이 드는데다 매번 결과물의 품질이 일정하지 않겠지만 기계는 끊임없이 반복적인 일을 하는 게 가능하므로 적절하게 재료를 보충해주기만 하면 지속적으로 균일한 호두과자가 생산된다.

이런 호두과자를 만드는 기계가 일종의 시스템이다.

시스템의 효용성

시스템은 게임의 구성요소들을 구현하기 위해서 어떤 논리적인 구조를 가져야 하는지를 정의하는 것이다. 하나의 게임이 만들어지기 위해서는 다양한 기능이 필요한데, 이 기능들을 모두 고유하게 하나하나 만들기보다 공통적인 기능을 분리해서 구현하면 매번 새로 만들지 않고 기존에 만든 기능들을 활용할 수 있고, 이후 유지보수를 할 때에도 편리하다.

호두과자 기계를 다시 예로 들어보자. 호두과자 기계를 만들 때, 호두과자 틀이 있는 기계를 만들고, 국화빵 틀이 있는 기계를 만들고, 붕어빵 틀이 있는 기계를 만드는 것보다는 틀을 변경할 수 있는 구조로

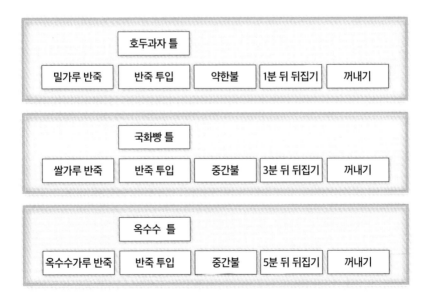

만드는 것이 더 효율적이다. 호두과자, 국화빵, 붕어빵을 만들 수 있는 기계를 위한 설계를 했을 때, 틀을 분리할 수 없는 구조로 각각 다른 도면으로 3개의 기계를 만든다면, 틀을 변경할 수 있는 기능은 필요 없을 것이고, 틀의 크기에 따라 들어가는 수량 등의 조절도 필요 없고, 틀에 맞는 재료의 분량 등도 하나의 기준으로 만들 수 있으니 더 손쉽게 느껴질 수 있다. 하지만 설계한 도면에서 결함이 발견되거나 좀 더 효율적인 구조를 찾아내서 수정하고자 한다면 도면이 3개가 존재해 3개의 도면을 각각 수정해야 한다.

그러나 하나의 구조로 틀을 변경할 수 있고, 틀이 변경될 때마다 투입되는 재료의 양을 조절할 수 있게 만들어놓는다면 하나의 도면만 수정하면 모두 적용될 것이다.

시스템의 설계도 이와 비슷하다. 공통적인 기능을 하나의 모듈로 구현하고 세부적으로 조율이 필요한 것들을 변수로 지정해서 개별로 정의할 수 있게 만들어놓는다면 기본 기능에 문제가 있을 때 유지보수하기가 편하고, 매번 컨텐츠를 만들 때도 좀 더 간단한 과정과 더 적은 데이터 입력으로 게임의 규모를 확장할 수 있다.

플레이어 캐릭터로 검사가 있고 창기병이 있다고 할 때, 검사의 스킬

　　　　게임 디자이너를 위한 문서 작성 기술

은 근거리 범위를 공격하고 창기병의 스킬은 정면 직선으로 중거리 범위를 공격한다고 해보자. 각각의 스킬을 고유하게 따로 만들기보다 공격한다는 부분을 동일한 논리구조로 만들어놓으면 똑같은 구현을 두 번 하지 않아도 되고, 공격력 계산 공식이 바뀌거나 범위 판정의 기준 등이 변경되었을 경우에도 한 곳만 수정하면 해당 기능을 사용하는 다른 곳도 다 수정될 것이다.

레버를 당겨서 문을 여는 장치를 만들려고 한다. 플레이어가 레버를 조작하면, 레버와 연결된 문이 열린다. 문은 위로 들어올려지면서 열린다. 무거운 돌문이 위로 올라가면서 아래에 이동 공간이 생기는, 아래에서 위로 움직이는 문이다. 레버를 조작하는 입력이 들어가면 레버와 연결된 문이 움직인다.

이런 구조를 만들어놓는다면 문을 설치하고 싶은 곳에 손쉽게 설치할 수 있다. 문을 추가하기 위해서는 문의 좌표만 입력하고, 문과 연결되는 레버만 만들어주면 된다.

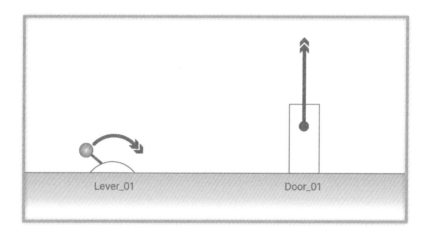

레버를 이용해서 문을 열 수 있다면, 문을 닫게 만들 수도 있다. 내가 진행하고자 하는 방향이 문으로 막혀 있다면 레버를 이용해 문을 열고, 나를 쫓아오는 적들을 막고자 한다면 레버를 이용해서 문을 닫는다. 이제 레버에는 문을 여는 기능만이 아니라 닫는 기능도 필요하다. 또한 처음 게임이 시작될 때 문이 열려 있어야 하는지 닫혀 있어야 하는지 등의 설정도 해야 한다.

레버는 일종의 토글버튼으로 동작해서 문이 열려 있으면 닫고, 문이 닫혀 있으면 열리도록 만들 수 있다.

레버를 매번 동작하게 만들어서 언제든 문을 열거나 닫게 만들 수도 있고, 한 번만 동작하게 만들어서 열린 문을 닫거나 닫힌 문을 여는 것만 가능하게 할 수도 있다. 이제 레버는 1회성인지 다회성인지 설정할 수 있도록 하고, 문은 초기에 열려 있도록 할지 닫혀 있도록 할지를 설정할 수 있게 만들어야 한다.

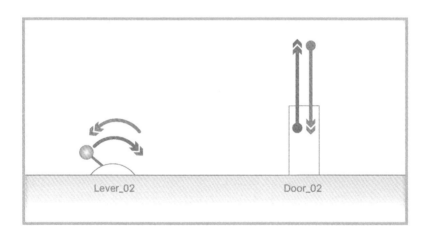

문은 아래에서 위로 열린다. 즉 문이라는 오브젝트는 직선으로 움직여서 위치가 변경되고 레버는 문의 위치를 변경할 수 있는 장치이다. 이런 구조로 만든다면 직선으로 움직이는 다른 구조도 만들 수 있다.

수직으로 움직이면서 캐릭터도 이동할 수 있는 것, 즉 승강기를 만들 수 있는 것이다.

승강기도 같은 직선 형태로 오브젝트가 움직이고 레버를 승강기 내에 두어 승강기에서 조작하게 할 수 있고, 승강기 밖에 두어 원하는 시점에 승강기를 이동하게 만들 수도 있다. 승강기와 문의 차이는 오브젝트의 크기 차이이다. 다른 모양을 지정할 수 있도록 하면 같은 동작 원리로 만들 수 있다.

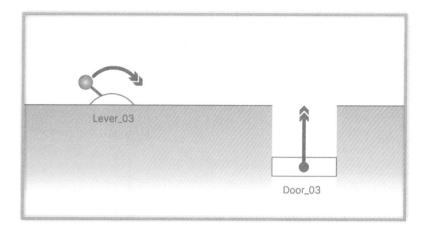

승강기로 플레이어 캐릭터를 움직이게 할 수 있다면, 즉 이동이 가능하다면 같은 동작 원리로 함정도 만들 수 있다. 평범한 지형처럼 보이지만 레버를 조작하면 지형의 일부가 아래로 꺼지게 만들어서 적을 함정에 빠뜨리게도 활용할 수 있다. 함정은 승강기처럼 움직이면 안 되니까 함정 내부에는 절대 레버가 없어야 할 것이다.

이렇게 하나의 기능으로 여러 가지의 요소를 만들 수 있다.

게임 디자이너를 위한 문서 작성 기술

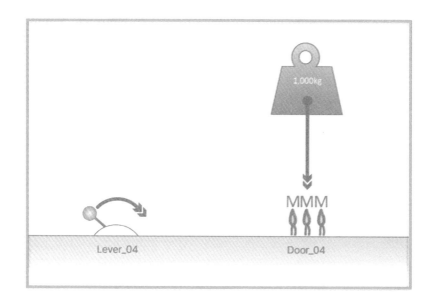

구조를 좀 더 세밀하게 설계한다면 플레이어들은 이게 같은 구조라
고 생각하지 못할지라도 실제로는 동일한 구조로 동작하게 할 수 있다.
플레이어들이 알 수 없게 다양한 외형을 사용해서 마치 다른 장치처럼
보이게 할 수 있는 것이다.

무슨 기능이 필요한지 초반에 목록으로 정리한다면 공통의 기능으로
묶을 수 있는 것도 찾을 수 있고, 구조에 대해 잘 이해하고 있다면 같은
구조를 활용해서 다양한 플레이 요소를 만들 수 있다. 편하게 작업이
가능해야 하지만 확장성도 고려되어 만들어져야 하며, 그러기 위해서는
초반에 활용에 대한 다양한 아이디어들이 준비되어 있어야 한다.

시스템 문서 작성 요령

시스템 문서에는 시스템의 컨셉, 개념, 구현 원리, 예외사항 등의 설명이 필요하다. 시스템은 기능을 정의하는 것이라 컨셉이 필요 없다고 생각하는 경우도 있는데, 절대 그렇지 않다. 시스템도 컨셉이 필요하다. 의도 없는 기능은 없고, 모든 기능이 가능한 시스템은 의외로 비효율적이다. 모든 기능이 가능한 시스템이라면 다양한 컨텐츠를 만들 수 있을 것 같지만 구현 과정에서 비효율적인 반복 과정을 거쳐야 한다.

레고는 다양한 형태를 표현할 수 있는 훌륭한 유닛 조립 도구이다. 한 칸짜리 레고 블록만 있다고 해보자. 그래도 레고가 표현할 수 있는 모든 형태를 다 만들 수 있을 것이다. 하지만 이게 효율적이라고 생각하는 사람은 없을 것이다. 한 칸짜리 유닛으로 무언가 형태를 만들려면 수도 없이 블럭을 꼽아야 할 수 있고 레고 조립 도면도 매우 복잡해서 일반인들이 이해하기 난해한 설명서가 될 것이다. 만들어야 하는 모형의 형태에 맞춰서 적절하게 큰 것, 작은 것의 유닛이 존재한다면 좀 더 쉽게 레고를 조립할 수 있고 틀이 정해져 있다 보니 결과물의 질도 더 좋아질 것이다.

유형이 없이 모든 기능을 하나하나 만들어야 한다면 굳이 시스템을 설계할 필요가 없다. 시스템을 만드는 이유는 게임 디자이너들이 좀 더 편하고 빠르게 컨텐츠를 만들 수 있게 하는 것이다.

목적이 분명하다면 사소한 기능들을 합쳐놓는 게 더 낫거나, 변수로 정의하지 않는 게 때로는 더 효율적일 수 있다. 이런 판단 기준의 근거에서 시스템을 어떻게 활용할지의 컨셉으로 많은 것이 결정된다. 구현하고자 하는 목적과 활용 방법이 명확하다면 몇 가지 패턴을 만드는 것이 컨텐츠 제작을 좀 더 쉽고 빠르게 한다.

개념과 구현 원리는 말 그대로 어떻게 동작해야 하는지를 설명하는 것이다. '레버를 당기면 문이 열려요. 문은 반드시 수직으로 이동하면서 열려야 합니다 그래야 승강기나 함정 등에도 사용할 수 있으니까요'를 설명하는 것이다. 이제 이런 과정을 좀 더 세부적으로, 기준을 명확하게 해서 설명해야 한다. 레버를 당긴다는 것은 무엇인가? 레버 위에 캐릭터가 올라가야 한다는 것인지 레버 가까이 가면 별도의 UI가 떠서 '레버를 당긴다'를 선택하면 되는 것인지 등을 규정해야 한다.

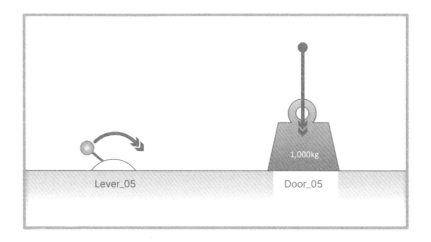

[레버 디자인 데이터 일부]

lever_id	lever_name	default_state	target	reuse	_desc
11	lever_01	off	door_01	false	1회 사용 가능
12	lever_02	off	door_02	true	다회 사용 가능
13	lever_03	off	door_03	true	승강기 조작 레버
14	lever_04	off	door_04	false	함정용 무게추 떨어뜨리기
15	lever_05	off	door_05	false	비밀통로 찾기

[도어 디자인 데이터 일부]

door_id	door_name	default_state	trigger
31	door_01	start	lever
32	door_02	start	lever
33	door_03	start	lever
34	door_04	start	lever
35	door_05	end	lever

[레버 디자인 데이터, 도어 디자인 데이터 필드 설명 일부]

lever_id	레버의 아이디(int)
lever_name	레버의 아이디(string)
default_state	기본 상태
target	레버가 조작하는 대상
reuse	1회용(false), 다회용(true)
door_id	문의 아이디(int), 같은 지역에서 고유한 값을 가져야 함
door_name	문의 아이디(string), 고유한 값을 가져야 함
default_state	기본 상태
trigger	문을 조작하는 대상

레버와 연결된 문은 데이터 테이블에서 레버의 ID와 문의 ID를 연결할 것이므로 데이터 테이블을 근거로 연결된 대상을 찾을 수 있고, 문

게임 디자이너를 위한 문서 작성 기술

과 레버의 ID는 맵의 오브젝트 이름에서 찾을 수 있어서 오브젝트의 위치는 맵에서 정의하고, 오브젝트의 기능은 데이터 테이블로 정의한다거나 등 필요한 데이터를 어디서 찾을 수 있으며 기준이 무엇인지를 세심하게 적는다. 많은 경우 데이터 테이블을 사용하게 되는데, 데이터 테이블이 있다면 데이터 테이블에서는 무엇을 제어하고, 테이블의 필드는 각각 무엇을 의미하는지 등도 설명해야 할 것이다.

예외 상황을 설명하는 것도 중요하다. 의도하지 않은 상황이지만 발생할 수 있는 경우의 사건들은 어떻게 처리할지를 설명하는 것이다. 승강기 내부에도 레버가 있고, 승강기 밖에도 레버가 있어서 승강기를 타고 있을 때는 내부의 레버를 사용하고, 승강기 밖에 있을 때는 밖의 레버를 사용하면 되도록 구현했다. 그런데 네트워크 플레이를 지원하는 게임이어서 2인 이상의 유저가 있을 수 있고, 승강기 내부의 레버와 승강기 외부의 레버가 동시에 조작되는 경우가 발생할 수 있다면 어떻게 처리할지와 같은 예외 상황에 대한 설명도 필요하다는 것이다. 레버의 우선순위를 만들어서 처리하거나 하나가 먼저 동작하면 다른 하나는 일시적으로 동작하지 않게 처리한다거나 하는 등의 내용이 들어가야 할 것이다.

의도한 상황에서 어떻게 동작해야 하는지를 정리하는 것은 상대적으로 쉽지만, 예외 사항은 일반적이지 않은 상황을 알아야 어떻게 처리할지 고민할 수 있는데 일반적이지 않은 상황을 잘 찾아내는 것 역시 시스템 디자인에서 중요한 능력 중 하나다. 문 앞에 레버가 있고, 레버를 조작하면 문이 열리거나 닫히는데, 만약 플레이어가 열어야 하는 문인데 진행 방향이 아닌 다른 쪽에 레버가 있다면 어떻게 해야 할까? 문 안쪽에 있는 레버가 문과 연결되어 있고, 이 문은 게임 시작 시 닫혀 있게 데이터가 지정되어 있다면 정상적인 플레이가 진행되지 않을 테니 데이터 입력 단계에서 어떻게 검수를 해야 하는지도 미리 고민해서 설명해두면 좋다.

[레버 디자인 데이터] : 중복데이터 수정

lever_id	lever_name	reuse
101	lever_01	false
102	lever_02	true
103	lever_03	true
104	lever_04	false
105	lever_05	false

[도어 디자인 데이터] : 도어가 레버의 정보를 갖고 있게 수정

door_id	door_name	default_state	trigger	trigger_name
201	door_01	start	lever	lever_01
202	door_02	start	lever	lever_02
203	door_03	start	lever	lever_03
204	door_04	start	lever	lever_04
205	door_05	end	lever	lever_05
206	door_06	start	item	key_gold
207	door_07	start	item	orb_stat

요약

- 시스템은 게임의 동작 원리를 규정하는 것이다.

- 시스템을 설계하기 위해서는 기준이 명확해야 한다.

- 만들 게임의 모습을 구체적으로 상상해서 논리적인 기준을 잡는다.

- 숫자에 익숙해져라.

- 디자이너가 원하는 값을 쉽게 적용할 수 있도록 데이터 테이블을 만들 수 있다.

- 비슷한 성격을 가진 데이터끼리 묶어서 데이터 구조를 만든다.

- 하나의 데이터는 한곳에서 입력한다.

- 시스템들 간의 연계성도 고려한다.

간단한
시스템 문서

시스템 문서는 논리적인 구조와 판정 기준을 정리해야 한다. 대략적인 아이디어를 언급하는 것이 아니라 해당 부분을 구현하기 위한 설계도를 만드는 것이다. 기준들과 우선순위, 데이터들이 의미하는 바를 자세하게 적는다. 디자인 데이터를 위한 폼은 입력하는 이가 편하게 만든다.

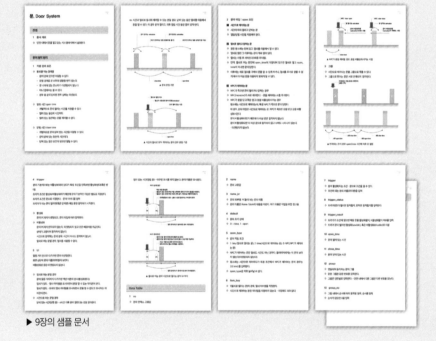

▶ 9장의 샘플 문서

게임 디자이너를 위한 문서 작성 기술

문. Door System

컨셉

1 문서 개요

➡ 던전 내에서 문을 열고 닫는 시스템에 대해서 설명한다.

문의 동작 원리

1 기본 문의 조건

➡ 통로를 막는 장애물
- 문이 닫혀 있으면 이동할 수 없다.
- 문을 경계로 문 너머의 영향을 받지 않는다.
- 문 너머에 있는 몬스터가 타겟팅되지 않는다.
- 미니 맵에서는 볼 수 있다.
- 전투 중 문이 닫히면 전투 상태는 리셋된다.

➡ 열림 시간 open time
- 개별적으로 문이 열리는 시간을 지정할 수 있다.
- 열려 있는 동안의 시간이다.
- 열려 있는 동안에는 문을 제어할 수 없다.

➡ 닫힘 시간 close time
- 개별적으로 문이 닫혀 있는 시간을 지정할 수 있다.
- 문이 닫혀 있는 동안의 시간이다.
- 닫혀 있는 동안 조건이 맞으면 열릴 수 있다.

ex. 시간과 열쇠로 동시에 제어할 수 있는 문일 경우, 닫혀 있는 동안 열쇠를 이용해서 문을 열 수 있다. 이 경우 문이 열리고, 이후 열림 시간 동안 열려 있게 된다.

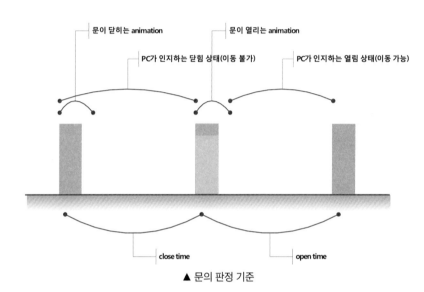

▲ 문의 판정 기준

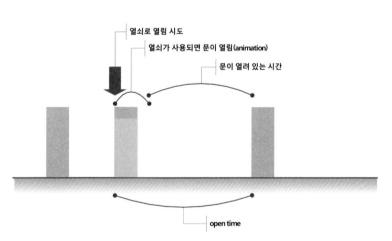

▲ 시간과 열쇠로 모두 제어되는 문의 경우 판정 기준

게임 디자이너를 위한 문서 작성 기술

2 문의 타입 : open 조건

1 시간으로 제어되는 문
- 시간에 따라 열리고 닫히는 문
- 열림/닫힘 시간을 지정해야 한다.

2 열쇠로 열리고 닫히는 문
- 문은 평소에는 닫혀 있고, 열쇠를 이용해서 열 수 있다.
- 열쇠로 열면 그 이후에는 문이 계속 열려 있다.
- 열쇠는 사용 후 사라진다(1회용 아이템).
- 만약, 열쇠로 여는 문인데 open_time이 지정되어 있으면 열쇠로 열고 open_time이 지나면 문이 닫힌다.
- 이후에는 새로 열쇠를 구해서 문을 열 수 있게 하거나, 열쇠를 추가로 얻을 수 없게 해서 더 이상 문을 이용하지 못하게 할 수 있다.

3 NPC가 제어하는 문
- NPC가 죽으면 문이 열리거나 닫히는 경우
- NPC(monster)가 AI로 제어한다. - 문을 제어하는 AI를 추가한다.
- NPC가 문을 닫고(혹은 열고) 문을 비활성화시키는 경우
평소에는 시간으로 제어되는데, 특정 NPC가 죽으면 문이 닫힌다.
이 경우, 문의 타입은 시간으로 제어되는 문. NPC가 죽으면 문을 닫고 문을 비활성화시킨다.
문이 비활성화되었기 때문에 더 이상 문은 동작하지 않는다.
문이 비활성화되면 더 이상 문으로 동작하지 않고 UI에도 나타나지 않는다.
- 타겟팅되지 않는다.

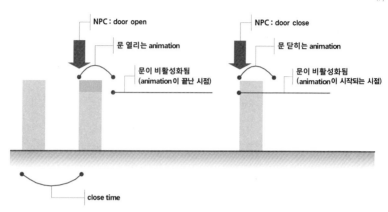

▲ NPC가 문을 제어할 경우, 문을 비활성화시키는 시점

3 그룹

➡ 시간으로 제어되는 문을 그룹으로 묶을 수 있다.

➡ 그룹으로 묶이는 문은 서로 연계되어 동작한다.

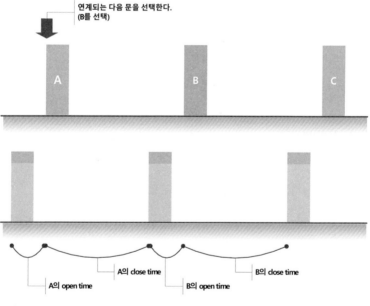

▲ 연계되는 문의 경우 open/close 시간에 따른 문 열림

4 trigger

문이 기본적으로는 비활성화되어 있다가 특정 조건을 만족하면 활성화된다(혹은 반대).

트리거 조건은 활성화/비활성화이기 때문에 문의 기본적인 타입은 별도로 지정한다.

트리거 조건은 문으로 지정한다. - 문의 아이디를 입력

트리거가 되는 문이 열리면(혹은 닫히면) 해당 문은 동작하기 시작한다.

➡ 활성화

　활성화되고, 문의 타입에 따라 동작한다.

➡ 비활성화

문이 PC에게 인지되지 않는다. 타겟팅되지 않고 문은 배경처럼 취급된다.

상태가 고정되어 동작하지 않는다.

시간으로 동작하는 문의 경우, 시간이 지나도 동작하지 않는다.

열쇠로 여는 문일 경우, 열쇠를 사용할 수 없다.

5 UI

일정 거리 안으로 다가가면 문이 타겟팅된다.

화면 상단에 문의 이름(외부명)이 보인다.

비활성화된 문은 타겟팅되지 않는다.

➡ 열쇠로 여는 문일 경우

문에 일정 거리까지 다가가면 액션 버튼이 뜬다(활성화된다).

열쇠가 있다. - 열쇠 아이템을 표시하면서 문을 열 수 있는 아이콘이 뜬다.

열쇠가 없다. - 회색의 열쇠 아이템을 표시하면서 문을 열 수 없다고 표시하는 아이콘이 뜬다.

➡ 시간으로 여는 문일 경우

닫혀 있는 시간(닫힘 중) - n시간 이후 문이 열린다는 것을 알려준다.

열려 있는 시간(열림 중) - 아무런 표시를 하지 않는다. 문의 이름은 표시된다.

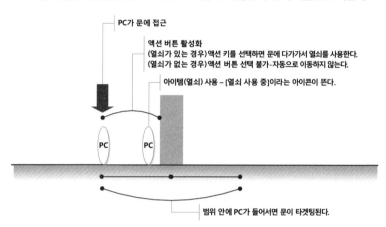

PC가 문에 접근

액션 버튼 활성화
(열쇠가 있는 경우)액션 키를 선택하면 문에 다가가서 열쇠를 사용한다.
(열쇠가 없는 경우)액션 버튼 선택 불가-자동으로 이동하지 않는다.

아이템(열쇠) 사용 – [열쇠 사용 중]이라는 아이콘이 뜬다.

범위 안에 PC가 들어서면 문이 타겟팅된다.

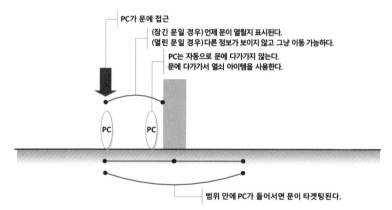

PC가 문에 접근

(잠긴 문일 경우)언제 문이 열릴지 표시된다.
(열린 문일 경우)다른 정보가 보이지 않고 그냥 이동 가능하다.

PC는 자동으로 문에 다가가지 않는다.
문에 다가가서 열쇠 아이템을 사용한다.

범위 안에 PC가 들어서면 문이 타겟팅된다.

▲ 열쇠로 여는 문과 시간으로 열리는 문의 UI 차이

Data Table

1 no

➡ 문의 인덱스. 고윳값

2 name

➡ 문의 고윳값

3 name_kr

➡ 문의 외부명. PC들이 보는 문의 이름
➡ 문의 이름은 Name Table의 내용을 따른다. 여기 이름은 작업을 위한 참고용

4 default

➡ 문의 초기 상태
➡ 0 : close, 1 : open

5 open_type

➡ 문의 작동 조건
➡ 1: key (열쇠로 열리는 문), 2:time(시간으로 제어하는 문), 0:NPC(NPC가 제어하는 문)
➡ NPC가 제어하는 문은 열쇠도 시간도 아닌 경우다. 플레이어에게는 이 문이 보이지 않는다(타겟팅되지 않는다).
➡ 평소에는 시간으로 제어하다가 특정 조건에서 NPC가 제어하는 문의 경우는 2(time)를 입력한다.
➡ open_type은 차후 늘어날 수 있다.

6 item_key

➡ 1(열쇠로 열리는 문)의 경우, 열쇠 아이템을 지정한다.
➡ 시간으로 제어하는 문은 아이템을 지정하지 않는다. - 지정해도 의미 없다.

7   trigger

➡ 문이 활성화되는 조건 - 문으로 조건을 걸 수 있다.

➡ 조건이 되는 문의 이름(코드명)을 입력

8   trigger_status

➡ 트리거(문)가 열리면 동작할지, 닫히면 동작할지를 입력한다.

9   trigger_result

➡ 트리거가 조건에 맞으면 해당 문을 활성화할지, 비활성화할지 여부를 입력

➡ 트리거 문이 열리면 활성화(usable), 혹은 비활성화(disable)로 지정

10 open_time

➡ 문이 열려 있는 시간

11 close_time

➡ 문이 닫혀 있는 시간

12   group

➡ 연동되어 동작하는 문의 그룹

➡ 같은 그룹은 같은 번호를 입력한다.

➡ 그룹은 던전별로 입력한다. - 던전 내에서 다른 그룹은 다른 번호를 갖는다.

13   group_no

➡ 그룹 내에서 순서에 따라 동작할 경우, 순서를 입력

➡ 순서가 없으면 0을 입력

필요 리소스

문 제작 시 필요한 리소스

1 문 외형

➡ 닫혀 있는 상태의 문 3종
- 열리는 조건에 따라 문의 외형이 달라야 한다(시간, 열쇠, NPC).

➡ 열려 있는 상태의 문 3종
- 닫혀 있는 문이 레일로 열리는 것도 좋음
- 만약 열려 있는 모양을 다르게 하려면 새로 제작해야 함

➡ 열리는 애니메이션

2 UI

➡ 열쇠 아이콘
- 열쇠가 있을 경우 표시되는 아이콘, 액션 버튼용 아이콘
- 하나의 아이콘을 모든 열쇠로 사용 예정

➡ 회색의 열쇠 아이콘
- 열쇠가 없을 경우 표시하는 아이콘, 액션 버튼용 아이콘

➡ 시간 알림창
- 시간으로 열리는 문일 경우, 언제 열릴지 표시되는 창

제 8 장

———————

레벨 디자인
Level Design

—

레벨 디자인은 게임 플레이가 이루어지는 공간을 디자인하는 것을 말한다. 이것은 단순히 지형의 고저 차이에 대한 고민이 아니라 공간 안에서 어떤 플레이를 하게 하고, 어떤 경험을 줄 것인가 등 게임의 여러 요소들을 하나로 통합하는 것에 대한 고민이다.

—

레벨 디자인이란 무엇인가

고전적인 게임들인 바둑, 체스같이 단순한 형태의 판 위에서 다른 이와 승부를 겨루는 게임들은 레벨 디자인이라는 개념이 없었다. 이런 게임들은 정해진 규칙이 있고, 플레이어들은 규칙에 맞는 행동만 할 수 있는데, 보통은 내가 할 수 있는 행동과 상대가 할 수 있는 행동이 동일하므로 서로 동등한 기회를 가지면서 정해진 목적을 달성해 승부를 겨루는 방식이다. 특정 상황에서 할 수 있는 행동들이 규칙으로 정의되고 이 게임에 참여하는 게이머 Gamer 들은 규칙 안에서 자신의 행동을 결정할 수 있으며, 서로에게 결정이 영향을 미치면서 게임이 진행된다. 게임 진행의 긴장요소들은 상대의 전략이 담당했다.

체스 게임을 예로 들어보자. 각각의 체스 말은 움직일 수 있는 방법이 다르지만, 동일한 말이라면 어느 진영이건 같은 규칙으로 움직인다. 기사는 흑이건 백이건 직진 후 대각선으로 이동할 수 있다. 내가 사용할 수 있는 말들의 종류와 동일한 말을 상대도 갖고 있으며 내가 사용할 수 있는 전략을 상대도 사용할 수 있다. 게임이 진행되면서 체스 말들은 체스판의 여러 지점으로 이동되고 각각의 말들이 있는 위치 때문에 체스 말들이 이동할 수 있는 공간에 또 다른 제약이 생긴다. 게임에 참여하는 사람들은 상대가 언제 어떤 말을 움직일지를 알 수 없다. 따라서 상대의 행동을 예측하여 전략을 짜야 하고, 누구와 게임하느냐에 따라 게임의 난이도나 긴장감이 달라지기도 한다.

게임 디자이너는 이 모든 상황을 예측할 수 없다. 게임 디자이너는 그저 각 말들이 어떻게 움직일 수 있는지, 체스판은 어떤 크기와 모양을 가져야 하는지만 결정할 수 있다. 서로 다른 체스 말의 이동 규칙과 체스판의 크기 등으로 체스의 여러 전략들이 발생한다. 즉 게임 디자이너는 게임의 재료를 제공하고, 게임의 규칙으로 어떻게 갖고 놀지를 결정할 수 있지만 게임이 진행되면서 발생하는 상황은 예측할 수 없다.

초창기의 비디오 게임은 체스, 장기 등과 크게 다르지 않아서 상대와 승부를 겨루는 게임들이 대부분이었고, 게임의 규칙을 만들면 플레이어들의 행동이 다양한 상황을 만들어냈다. 때로는 조작의 반응으로 인해 예상하지 못했던 상황이 발생할 수도 있었고, 각각의 규칙들이 서로 쌓이면서 뜻밖의 상황이 일어날 수도 있었다. 제한된 요소가 만들어내는 돌발상황들과 그걸 극복하면서 재미를 느낄 수 있었다.

기술이 발전하고, 게임의 더 많은 가능성을 보게 되면서 게임 디자이너가 게임을 제어할 수 있는 방법도 증가했다. 게임 디자이너가 게임의 플레이 흐름을 구체적으로 디자인할 수 있게 되었고 이제 게임은 더 이상 나랑 승부를 겨루어줄 다른 플레이어가 반드시 필요하지 않게 되었다. 대신 게임의 여러 요소들이 게임 진행에서 다양한 변수를 만들어내고, 어떤 전략을 선택해야 하는지도 구체적으로 제시할 수 있게 되면서 또 다른 게임의 재미를 만들게 되었다. 게임 디자이너는 플레이를 더 구체적으로 디자인할 수 있게 되었는데, 이것이 바로 레벨 디자인이다.

게임 디자이너를 위한 문서 작성 기술

레벨 디자인은 작게는 게임이 진행되는 맵을 디자인하는 것이고, 크게는 플레이의 흐름을 디자인하는 것이다. 배경이 존재하는 게임은 배경 형태의 구성과, 배경 위에 배치되는 게임의 구성요소들 – 대표적으로 나를 공격하는 몬스터 등 – 이 존재하면서 플레이 진행 과정과 흐름을 만들어낸다. 초반에는 새로운 요소를 학습시키고, 학습된 요소를 익숙하게 사용할 수 있도록 단순한 패턴이 간헐적으로 반복되다가 예상치 못한 패턴들이 섞여서 등장하면서 지루해지지 않도록 긴장감을 주고, 후반에는 학습된 플레이 패턴을 응용할 수 있는 난관을 제시해서 성취감을 만들어준다. 어느 구간에서 느슨하게 플레이를 진행하게 할지, 어느 구간에서 긴장해서 집중하게 만들지를 설정할 수 있으며 이런 디자인의 의도에 맞춰서 게임의 요소들이 배치된다. 작게는 한 화면 정도의 구간이고, 하나의 스테이지, 하나의 폐쇄된 구조의 던전, 혹은 모든 방향으로 이동할 수 있는 오픈형 필드 등이 될 수 있다.

게임을 시작하면 플레이어들은 가상의 공간에서 흥미진진한 모험을 즐길 수 있기를 기대한다. 모험에는 난관이 존재하고, 난관을 극복할 수 있는 희망이 있다면 도전의식이 생기기 마련이다. 긴장감과 적절한 판단력으로 난관을 극복해낸다면 성취감을 얻을 것이고, 이 과정에서 재미와 흥미를 느낄 것이다. 적당한 시련은 사람을 성장하게 만드는 법이다. 만약 게임 내에 난관이 존재하지 않는다면, 그래서 모든 것을 어려움 없이 진행하게 된다면 게임을 플레이하는 이들은 지루함을 느낄 것이다. 반대로 난관이 등장했을 때 내가 도저히 극복할 수 없을 것이라고 생각된다면 게임을 꺼버리게 될 것이다.

게임에 몰입시키려면 적절한 강도의 자극이 지속적으로 주어져야 하고, 그 과정에서 약간의 실패와 성공의 경험이 쌓여야 한다. 매번 동일한 패턴으로, 규칙적으로 난관이 존재해서 예측 가능하다면 지루함을 느껴 게임에 흥미를 잃어버릴 수도 있다. 어려운 게임이라도 단순하고 쉽게 진행할 수 있는 구간이 중간중간에 필요하고 지속적으로 어려운 상황만 존재하도록 만들어서는 안 된다.

적절한 난이도를 고민하는 것은 상당히 복잡한 문제다. 단순한 방법으로 전투를 어렵게 만드는 것은 쉽지 않고, 어려운 방법으로 만든다면 플레이어들이 게임에 익숙해지기까지 시간이 많이 걸릴 것이다. 때로 인내심이 부족한 플레이어라면 중간에 이탈할 것이다.

그래서 너무 반복적이지도 않고, 너무 쉽지도 않고, 너무 어렵지도 않게 게임이 진행되도록 만들어야 한다. 게임의 난이도를 맞추는 것은 너무 어려운데 완급 조절이 중요하기에 적당한 간격으로 적당한 난이도를 주고 허들을 넘었을 때 스스로에 대한 만족감을 충분히 즐길 수 있게 해야 한다. 잘 디자인된 레벨은 이런 플레이가 가능하게 한다.

게임 디자이너를 위한 문서 작성 기술

플레이를 위한 배경

하나의 구간 플레이를 디자인한다는 것은 각각 다른 색실들을 엮어서 하나의 매듭을 만드는 것과도 비슷하다. 주어진 색실을 모두 이용해서 매듭을 만들어야 하므로 색실들의 성격 등을 알아야 한다. 마찬가지로 특정한 플레이 구간을 만들기 위해서는 해당 플레이 구간에서 할 수 있는 플레이 요소들이 무엇이 있는지를 모두 알아야 한다. 그래야 컨텐츠들이 하나도 소외되지 않고 플레이어들이 선택할 수 있게 할 수 있다.

플레이 구간의 플레이 목적을 설정하고, 혹은 이해하고 목적을 위해서 필요한 플레이를 구상한 다음 게임 요소들을 적절하게 잘 연결해서 의도하는 플레이를 만들어야 한다. 배경을 만들려면 배경 위에서 진행되는 플레이에 대해서도 이해해야 한다.

레벨 디자인이라고 하면 많은 이들이 지형 디자인, 혹은 배경 디자인을 연상한다. 물론 레벨에는 '높이, 층'이라는 의미가 있다. 하지만 수준이라는 의미도 존재한다. 어떤 수준에서 플레이하게 할지 고민하고 필요성을 충족시키기 위한 지형 만들기를 가장 먼저 해야 한다.

따라서 지형 만들기는 단순히 배경을 만드는 것이 아니라 배경 위에서 어떤 플레이가 이루어지게 할지 여러 가지 세부 사항이 고려된 바탕을 만드는 것이다. 게임의 모든 요소들을 조화롭게 분배해서 하나의 흐름을 만들어 플레이어들이 게임에 몰입하도록 해야 한다.

사냥터 만들기

RPG게임에서 특정 구간을 디자인하기 위해서는 플레이에 이용될 요소, 세계관을 보여줄 수 있는 장치들, 플레이가 직접 이동할 수 있는 곳과 다른 수단을 고민해야 하는 곳 등등을 알고 있어야 한다.

스킬은 어떻게 가르쳐줄 것인가? 배우기 전의 과정이 필요할까?

☐ 스킬을 배운 후 스킬 사용에 익숙해지게 하기 위한 구간이 필요하다.

　- 이 구간은 스킬 사용 시 실수하더라도 치명적이지 않도록 어렵지 않게 만든다.

　- 익숙하지 않는 스킬을 사용하는 데 위험부담이 크다면 사용을 꺼리게 될 것이다.

　- 이 구간은 진행에 따라 점차적으로 위험도가 증가하게 만든다.

☐ 새로 배운 스킬을 꼭 사용해야 성공할 수 있는 지점, 혹은 몬스터를 만든다.

특정 스킬을 습득하게 하는 사냥터가 있다면 배우게 될 스킬의 특성을 이해하고 해당 스킬이 필요한 전투의 특징을 알아야 전투 대상이 되는 몬스터를 디자인할 수 있다. 물론 그전에 게임에서 전투가 어떻게 이루어지는지 알고 있어야 한다. 플레이 진행 과정에서 들어가야 할 사건을 만들고 사건을 해결하기 위한 조건이 필요하면 조건을 충족시킬 수 있는 구간을 만든다. 스킬을 습득한 후 얼마나 오랫동안 훈련을 시킬지 고려하고 훈련을 위한 공간의 넓이를 정하고 흐름에 따른 난이도

게임 디자이너를 위한 문서 작성 기술

의 기준을 설정한다.

　기능적인 부분이 정리되었다면 그다음은 감성적인 부분이다. 이 사냥터에 어떤 설정을 넣고, 설정에 맞는 분위기는 어떻게 표현할지를 고려해야 한다. 플레이의 세부적인 동선을 유도하기 위해서 배경에 어떤 장치를 할지 세심한 고민이 필요하고 때로는 퀘스트를 이용하기 위해서 퀘스트가 발생할 지역을 정하고 필요한 시각적 요소들을 활용하기도 한다.

　이런 요소들을 정리해서 테마로 만들어서 하나의 월드로 플레이어가 느낄 수 있도록 구성한다.

플레이에 대한 구체적인 계획

□ **지형 제작**

　- **지형의 구조 결정**

　- **지형의 분위기와 표현되어야 하는 설정 등을 결정**

□ **컨텐츠 제작**

　- **몬스터 디자인**

　- **퀘스트 디자인**

□ **플레이 구현**

　- **비전투 캐릭터/몬스터, 오브젝트 등을 배치**

구간별로 어떤 사냥을 시킬지 결정하고 구간과 구간 사이에 어떤 완충 장치를 넣을지도 정한다. 사냥의 특성과 난이도 등 디자인 의도를 고려해서 지형을 만든다.

게임 디자이너를 위한 문서 작성 기술

　게임의 특성에 따라 다양한 레벨이 요구되기 때문에 모든 게임 장르를 아울러서 설명하기는 어렵지만, 보편적으로는 플레이의 컨셉과 플레이 진행 동선, 도면 등이 필요하다. 공간을 어떤 디자인 의도를 갖고 만들었는지를 설명하는 것은 중요하다. 디자인 의도를 정리하면서 스스로 목적을 환기하게 될 것이다.

　동선은 플레이 진행 계획이다. 플레이어 캐릭터가 이동하면서 특정 지점에서 어떤 이벤트가 발생할지, 어떤 장치들이나 지형 구조가 필요한지를 정리한다. 일종의 사냥터 개요이다. 도면을 만들 경우에 도면만 보여주는 게 가장 이해하기 쉽다고 생각할 수도 있지만, 단순한 지형일 때에는 맞는 말이지만 복잡한 지형이라면 처음에 개념을 잡기 위한 간략한 구조도나 도식화 등이 필요할 수 있다. 간소화된 설명을 보면 전체 그림도 파악이 잘되고 중요도 등도 빠르게 알 수 있다.

　배경을 만들어야 하기 때문에 지형 제작을 위한 도면은 필수적이다. 지형 구조가 간단하고 단순할 경우, 별도의 도식화된 동선의 설명 없이 도면에 곧바로 설명하기도 한다. 도면은 지형 제작을 위한 정보이므로 지형이 어떻게 만들어져야 하는지를 설명한다. 아무리 치밀한 도면을 그려 온다고 해도 생각한 사람의 의도를 정확하게 파악한다는 것이 불가능하기 때문에 추가적인 설명이 필요하다. 특정 지점에서 어떤 모습이 보여야 한다거나, 특정 지점의 높이는 반드시 캐릭터의 두 배 이상 높아야 한다거나 같은 지형에서 구체적인 의도가 들어간 것은 설명으로 추가하는 것이 좋다. 도면을 아무리 자세하게 그리고 직접적으로 보여주기 위해서 3D로 그레이박스 Gray Box 를 제작한다고 해도 중요한 부분들은 추가적으로 설명을 해서 다른 이들도 쉽게 파악하고 인지할 수 있도록 정리한다.

게임 디자이너를 위한 문서 작성 기술

요약

- 플레이의 전체적인 흐름을 디자인하는 것이 레벨 디자인이다.

- 완급 조절을 통해 플레이의 흐름을 만든다. 규칙적으로 어려워지는 것
  은 좋은 흐름이 아니다.

- 레벨 디자인을 하기 위해서는 게임을 구성하는 모든 컨텐츠와 시스템
  을 이해하고 있어야 한다.

- 플레이 동선을 계획하고 동선에 따라 컨텐츠들을 배열한다.

- 긴장감을 줄 구간과 느긋하게 진행할 구간의 흐름을 구별한다.

- 흐름을 구성하기 위한 중심 요소가 있어야 한다.

- 플레이의 흐름을 고려하여 지형을 만든다.

- 계획된 지형에 게임 요소들 - 몬스터, 퀘스트 등을 어떻게 배치할지 계
  획을 세운다.

레벨 디자인을 위한 컨셉 문서

레벨 디자인 문서는 해당 구간에서 플레이의 지침이 되기에 개발팀 내의 거의 모든 이들이 보게 된다. 예시로 든 문서는 컨셉 문서로 제작에 대한 방향성만 설명하고 있지만, 다음 단계로 지형의 구조, 몬스터의 배치 계획, 배치될 몬스터의 특성, 플레이 동선, 퀘스트 등을 정리한 문서를 작성한다.

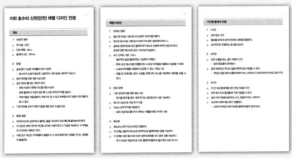

▶ 3장의 샘플 문서

게임 디자이너를 위한 문서 작성 기술

지하 호수의 신전(던전) 레벨 디자인 컨셉

개요

1 사냥터 개요

➡ 존 타입 : 던전

➡ 대상 레벨 : 20Lv.

➡ 플레이 시간 : 50min

2 컨셉

➡ 솔로잉이 가능한 저레벨의 던전 사냥터

- 몬스터가 도움이 필요한 스킬(마비, 석화 등)을 사용하지 않는다.

➡ 장비 제작을 위한 재료 수급 던전

➡ 숨은 이야기를 찾는 재미가 있다.

- 전직 이전의 지루한 구간을 위한 사냥터

- 반복 플레이가 지겹지 않도록 소소한 이야깃거리를 넣는다.

- 이야기들은 처음 플레이 시에 모두 알 수 없고 반복할수록 다양한 이야기를 찾을 수 있다.

➡ 기본 장비를 갖추지 못한 이들을 위한 장비 수급용 던전

3 배경 설정

➡ 대지의 여신의 심장이라고 불리는 돌을 고대 유적 속의 제단에 올려놓아야 한다.

➡ 이 던전은 본래 대지의 여신을 섬기던 사원이었으나 지금은 폐쇄되고 도적떼들의 근거지로 사용되고 있다.

➡ 사원 입구 부근은 도적떼들이 출몰하고 더 깊이 들어가면 사원을 지키는 유령들이 출몰한다.

레벨 디자인

1   난이도 정책

➡ 일반 몬스터는 기본 몬스터 능력치 가이드를 따른다.

➡ 퀘스트 몬스터는 기본 몬스터보다 5% 정도 쉽게 한다(18Lv.).

➡ 솔로잉 던전이므로 모든 플레이어가 퀘스트 진행에 무리가 없도록 한다.
보상은 일반 퀘스트와 같은 수준으로 지급한다.

➡ 보스 난이도 기준 : 23Lv.
- 일반적인 솔로 플레이로는 사냥하기 어렵다.
- 만약, 모든 퀘스트를 진행할 경우 소모성 아이템을 이용해서 성공할 수 있다.
- 소모성 아이템을 이용해서 도전할 수 있는 기회는 1회
- 레벨 업 이후에도 장비 수급을 못했다면 보스를 파밍해서 장비를 얻을 수 있다.

2   보상 정책

➡ 기본 장비/무기를 위한 재료 드랍
- 무기를 얻게 될 경우, 제작 무기는 강화용으로 사용 가능하다.

➡ 퀘스트 보상으로 기본 무기 지급

➡ 보스는 상위 무기를 지급한다.
- 상위 사냥터로 올라가지 못하는 이들을 위한 마지막 구원

3   퀘스트

➡ 퀘스트는 모두 다섯 단계로 진행한다.

➡ 세 단계는 일반적 퀘스트로 반복적으로 플레이하면 진행 가능하다.

➡ 두 단계는 히든 퀘스트로 던전 내부의 문제를 모두 풀면 진행 가능하다.
- 추가 보상의 개념이므로 모든 플레이어들에게 필수적인 것은 아니다.

구간별 플레이 진행

1 1구간

➔ 문이 많은 구간

➔ 열쇠를 찾아다니면서 던전의 내부를 탐험한다.

➔ 순차적으로 진행하는 동선을 갖는다.

2 2구간

➔ 숨은 보물을 찾는, 골드 파밍의 구간

   - 숨은 통로들이 존재한다.

➔ 길이 복잡하고 지나간 길을 반복적으로 이동할 수 있다.

   - 복잡한 길을 찾아서 플레이해야 하는 스트레스가 있으므로 돈이라도 많이 주자.

3 3구간

➔ 두 번 이상 플레이할 경우 진입 가능한 구간

➔ 이전 퀘스트의 결과를 본 이후 진입할 수 있다.

➔ 숨은 이야기들을 들려주는 구간, 일종의 히든 스테이지

➔ 세 단계 이후의 퀘스트가 진행된다.

   - 신전이 버려진 진짜 이유를 플레이어들이 알게 된다.

제 9 장

———

포트폴리오를 위한
문서 작성
Portfolio

—

취업을 위한 포트폴리오로 작성하는 문서는 개발을 위한 문서와 성격이 조금 다르다. 개발을 위한 문서는 같은 목적을 공유하고 있고, 서로를 이해하고, 소통방식에 익숙해져 있지만 직접적인 소통 없이 문서로만 자신의 역량을 보여줘야 하는 포트폴리오용 문서는 좀 더 친절하게 작성되어야 할 필요가 있다.

—

게임 디자인을 위한 포트폴리오

게임회사에 취업을 하기 위해서는 포트폴리오를 준비해야 한다. 게임 아트를 지망하는 아티스트들이 포트폴리오를 준비하는 것은 자연스럽지만, 게임 디자인을 지망하는 이들도 포트폴리오를 준비해야 한다는 것은 다른 업계의 사람들에게는 어색하게 생각될지도 모른다. 다른 업계의 기획자들은 자신의 경력을 기술한 이력서를 준비하지 포트폴리오를 준비하는 경우는 잘 없기 때문이다. 하지만 게임 기획자는 게임 디자이너이기도 하다. 그리고 디자이너들은 게임이 아니라 다른 분야에서도 포트폴리오를 준비한다. 게임도 비슷하다.

게임 디자이너들에게 포트폴리오를 받는 이유는, 지원자가 무엇을 할 줄 아는지를 알기 위함도 있지만 진행하는 프로젝트의 성격과 잘 맞는지를 보기 위함도 있다. 아티스트들의 포트폴리오를 보면 작품의 성향을 알 수 있다. 일러스트레이터로 예를 들자면 단순한 구도를 즐겨 쓰는 작가가 있을 수 있고, 섬세한 표현 중심의 작화를 그리는 작가가 있을 수도 있다. 누구는 배경 표현을 잘하기도 하고, 누구는 인물의 섬세한 표현이 가능할 수도 있다. 그래서 아티스트들의 포트폴리오를 보면 아티스트의 작품 경향뿐 아니라 프로젝트에 어울리는지 아닌지, 회사의 아트 분위기와 맞는지 아닌지를 파악할 수 있다. 지원자의 포트폴리오에서 많은 정보를 얻을 수 있는 것이다.

게임은 기능만으로 선택되는 것이 아니고 다양한 형태와 구조를 가지고 있고, 추구하고자 하는 재미의 방향이 다 다르다. 그런 재미요소들을 감정적으로 이해하지 못하면 게임을 디자인하기가 어렵다. 게임의 구조 또한 게임의 장르에 따라 차이가 있다. 스테이지 기반의 퍼즐게임과 성장하는 캐릭터 중심의 액션 게임은 서로 다른 구조를 필요로한다. 그래서 개인이 경험한 프로젝트를 기록한 포트폴리오를 보면 이제까지의 경험과 개발 방향, 플레이 성향 등을 알 수 있기에 새로운 팀원으로 선택하는 게 좋을지 아닐지를 판단할 근거가 된다.

게임 디자이너를 위한 문서 작성 기술

신입이 작성하는 포트폴리오

경력자라면 이미 쌓인 경력이 있기 때문에 포트폴리오를 준비하는 게 크게 어렵지 않다. 경험한 프로젝트가 있으며, 어떤 분야를 담당했고, 무슨 일을 했는지가 명확하니 그 내용만 잘 정리하면 되기 때문이다. 담당 업무를 보면 뭘 할 수 있을지 대략 알 수 있고, 참여한 프로젝트를 보면 어떤 성향의 게임을 좋아하는지, 혹은 어떤 성향의 시스템 구조를 알고 있는지 파악이 가능하니 현재 진행 중인 프로젝트와 잘 맞을지, 우리 팀의 성향과 잘 맞을지 알 수 있다.

신입은 말 그대로 경력이 없는 사람들이고 그렇기 때문에 자신에 대해서 좀 더 자세한 설명이 필요하다. 요즘은 게임잼이나 공모전, 수학한 교육 과정에서 게임 프로젝트를 만들어본다거나 하는 등 회사에서 진행하는 게임 프로젝트가 아니더라도 게임 개발 경험이 있는 이들이 꽤 많지만 아마추어로서 게임을 개발해본 것과 팀에 들어가서 게임을 개발해보는 것은 다르기 때문에 경력자들이 포트폴리오를 준비하는 것보다는 어려움이 있는 게 사실이다.

아마추어로서 개발하는 게임들은 대부분 개발 기간이 짧다 보니 규모가 크지 않고, 상용화 후 유지보수하면서 콘텐츠를 추가적으로 업데이트하는 것을 염두에 두지 않고 만드는 경우가 많다. 일부 플랫폼들은 상대적으로 쉽게 게임을 서비스할 수 있는 환경을 제공하므로 게임을 출시하고 서비스를 한 경험이 있을 수도 있지만 기간, 인원수, 비용 등의 현실적인 문제 때문에 회사에서 진행하는 프로젝트와는 많은 면에서 다를 수밖에 없다. 대부분 기간과 인원수 그리고 비용의 한계 때문에 아마추어들이 개발한 게임들은 어느 정도 제한적일 수밖에 없다. 아마추어로서 많은 게임 프로젝트에 참여한 경험이 있다고 해도 포트폴리오를 준비하는 것은 어렵다.

회사에서 새로운 팀원을 뽑기 위해서 구인공고를 내고 포트폴리오를 받을 때는 자신들이 개발하고 있는 프로젝트와 비슷한 성격의 게임을 개발해본 경험이 있거나, 게임 시스템을 설계해본 경험이 있는 사람들을 선호하는데 아마추어로서 경험한 프로젝트들이 회사에서 진행하는 프로젝트와 비슷한 형태와 구조를 갖는 것은 어렵다. MMORPG게임을 개발하는 팀에 들어가고 싶어도 회사에 입사하기 전에 RPG게임을 개발하는 경험을 해본다는 것은 현실적으로 불가능하다. 지망하고자 하는 팀이 개발하는 프로젝트와 실제 내가 개발 경험이 있는 프로젝트는 장르와 구조 등에서 큰 차이가 날 수밖에 없다. 그래서 많은 이들이 포트폴리오로서 자신의 아이디어를 정리한 문서를 준비한다.

포트폴리오를 위한 문서는 개발을 위한 문서와는 성격이 다르기에 문서 진행 방식이 달라져야 한다. 개인적으로는 개발을 위한 문서보다 신입들이 준비해야 하는 포트폴리오용 문서를 만드는 것이 더 어렵다고 생각한다. 게임 개발을 위한 문서는 같은 프로젝트를 진행하는 팀원들이 보는 문서이기에 우리가 무슨 게임을 만드는지 알고 있으며 게임의 컨셉 등도 이미 공유하고 있다. 내가 작성하는 문서의 필요성도 알고 있으며 같이 게임을 만들고 있다는 공통의 목표가 있다. 물론 문서는 잘 정리해서 써야 하지만, 설사 문서가 다소 산만하거나 설명이 잘 이해되지 않더라도 언제든지 나에게 와서 물어볼 수 있거나 문서에 대해서 자세히 설명해 달라고 요구할 수 있다.

포트폴리오를 위한 문서는 성격이 다르다. 이는 게임 개발보다 나를 설명하기 위한 문서에 가깝다. 시스템 문서를 작성한다면 내가 어떤 형식으로 시스템 설계를 하는지 보거나 시스템 구조에 대한 개념을 이해하고 있는지를 볼 것이다. 그래도 신입이 제출하는 지원용 문서이므로 경력자들보다는 관대하게 받아들일 것이다.

개발을 위해서 읽는 문서는 반드시 이해해야 하기 때문에 좀 더 집중해서 보겠지만, 포트폴리오를 위한 문서는 제출한 사람을 파악하기 위함이므로 문서의 세부 내용을 집중해서 보지는 않을 것이다. 간단하게 읽어보는 경우가 많고, 이 문서에서 설명하는 게임이 어떤 게임인지 모르는 상태에서 읽게 될 것이다. 개발 문서는 읽다가 이해가 되지 않는다면 언제든지 문서를 작성한 사람에게 와서 질문하겠지만 포트폴리오로 제출한 문서는 작성자에게 자세한 내용을 물어볼 수가 없다. 그래서 포트폴리오를 위한 문서는 좀 더 친절해야 한다.

신입의 포트폴리오용 개발 문서 작성 요령

자신이 지망하고자 하는 분야에 맞는 내용을 준비해서 포트폴리오로 만드는 경우가 많은데, 기존 게임의 수정, 추가 제안서라면 이미 알려져 있는 게임이므로 게임을 이해하고 있는 상태에서 문서를 읽을 수도 있다. 하지만 아마추어로서 개발한 게임이어서 인지도가 낮거나 실제로 개발되지 않은 게임이고 아이디어로만 존재하는 새로운 게임의 문서라면 읽는 이들에게 주어지는 정보가 더 제한적일 것이다.

게임의 일부 시스템에 대해 설명하는 경우 전투, 스킬, 캐릭터, UI 등의 보편적인 시스템이라면 자세하게 설명하지 않아도 문서의 내용을 이해하기 어렵지 않을 수 있다. 하지만 특별한 컨셉과 플레이 방식을 갖고 있는 게임을 구상하여 게임의 핵심 구조 Core mechanic 를 설명한다면 게임을 이해해야만 문서의 내용을 이해할 수 있을 것이다. 보편적으로 개발 문서를 쓸 때는 문서가 설명하고자 하는 분야에 대해서만 설명하지만 이런 경우는 앞에 간단하게 게임에 대한 설명도 추가하는 것이 좋다.

문서의 내용에 따라 때로는 꽤 많은 분량의 문서를 작성하게 될 수도 있다. 예를 들어 레벨 디자인 관련 문서들은 도면 등이 들어가거나 UI 관련 문서는 화면의 종류대로 레이아웃을 제시하는 페이지들이 들어가기 때문에 문서의 분량이 많아진다. 문서의 분량이 많아도 읽는 이들이 문서를 모두 정독하지는 않으므로 많은 분량 중에서 핵심적으로 읽히고 싶은 내용만 자세하게 기술하고 다른 부분은 좀 더 단순하게 작성해도 좋다.

사냥터의 레벨 디자인의 경우, 사냥터의 모든 구간에 대해 자세히 설명하기보다는 핵심 구간만 자세히 설명하고 다른 구간은 좀 더 간략하게 정리하는 것도 한 방법이다. 만약 나의 컨셉 정리 능력을 보여주고 싶다면 컨셉 부분의 설명이 충실한 게 좋을 것이고, 지형 구조를 잘 짜서 도면 작성에 대한 능력을 보여주고 싶다면 도면을 이해하기 쉽게 설명한다. 여러 장치들의 메카닉Mechanic 설계에 대한 능력을 보여주고 싶다면 메카닉의 컨셉과 구조, 배치 계획 등을 설명하는 등 자신이 좀 더 부각시키고 싶은 장점을 자세하게 풀어놓는다. 다른 부분은 간략하게 구성하면 문서를 읽는 이들이 쉽게 장점을 파악할 수 있을 것이다.

최근에는 파워포인트 등의 슬라이드 파일 형식으로 개발 문서를 작성하는 경우가 많다. 읽는 이들도 쉽게 읽을 수 있고 페이지의 레이아웃이 자유로워서 이미지 등을 첨부하기가 용이하기 때문이다. 하지만 자칫하면 설명이 너무 빈약해져 문서만으로 이해하기 어려울 수도 있다. 읽는 이들을 좀 더 세심하게 배려해서 문서를 작성하는 것이 나의 장점과 능력을 부각시킬 수 있을 것이다. 나의 장점과 능력을 부각시킬 수 있도록 구성하는 것이 좋다.

게임 개발 과정에서 문서 작성의 필요성은 팀이 어떻게 일을 하느냐에 따라 아주 중요하게 취급되기도 하고, 하찮은 취급을 받기도 한다. 만약 팀의 규모가 크고, 한 부분을 구현하는 데 여러 사람의 의견을 모아야 한다면 문서 정리의 중요성은 커진다. 여기에서 문서는 개발에 필요한 내용을 정리해놓는 것뿐만 아니라 진행 과정에서 발생하거나 예측되는 문제점들을 어떻게 해결할지를 정리한 일종의 매뉴얼 역할을 하게 된다. 또한 무언가 새로운 생각이 났을 때 빠르게 구현해볼 수 없는 환경이라면 문서 작업을 통해 생각의 오류가 없는지 신중하게 고민하는 과정이 필요할 수도 있다. 하지만 생각을 바로 구현해볼 수 있는 환경이거나 멤버 간의 소통이 빠르다면 시간을 들여 문서를 정리하기보다 직접 구현해서 동작을 살펴보는 것이 더 좋다. 이런 환경에서의 문서 정리는 가급적 간단하게 진행된다.

게임 디자이너를 지망하는 많은 이들이 문서 정리의 효용성에 대해서 궁금해한다. 많은 경험자들은 문서를 팀원들이 모두 꼼꼼하게 읽지 않는다는 것을 알고 있고, 문서에 쓸 문장을 고민하는 것보다 게임 플레이를 한 번이라도 더 해보는 게 낫다고 생각한다.

가장 좋은 경험은 역시 게임을 만들어보는 것이지만 경험이 없는 이들이 아이디어가 떠오른다고 해서 그것을 곧바로 구현할 수 있을까? 게임은 꽤 복잡한 구성요소를 가지고 있으며 전체적인 모습을 정리하는 것은 나름 훈련이 필요하다. 그리고 무언가를 만들기 위해서는 생각을 정리하는 과정도 필요하다. 문서를 정리하는 것은 자신의 생각을 정리하면서 게임의 형태를 완성시켜볼 수 있는 좋은 연습 과정이 될 수 있다. 물론, 최종적인 목적은 읽는 이들을 위한 것이다 여기서 말하는 읽는 이들에는 10년 뒤의 자신도 포함될 수 있다. 읽을 때 작성자의 의도를 파악하고 제대로 이해할 수 있는 문서가 좋은 문서이다. 그리고 좋은 문서에는 약간의 형식도 필요하다.

문장은 가능한 한 짧게 마무리 짓는다

문장을 정중하게 마무리할 필요는 없다. 가능한 한 짧게 문장을 정리해서 읽는 이들이 한눈에 내용을 파악하게 하는 것이 좋다.

'캐릭터는 점프를 할 수 있습니다.'

'캐릭터는 점프를 할 수 있다.'

이 경우 위의 문장보다는 아래의 문장이 선호된다.

하나의 문장에는 하나의 내용만 담는다

긴 문장보다 짧은 문장이 읽을 때 더 빨리 이해된다. 비슷하거나 연결된 내용이라도 하나의 문장으로 쓰면 문장이 길어지면서 한눈에 내용을 이해하기가 어려워진다. 또한, 차후에 문서의 내용 일부를 수정하게 될 때, 구체적으로 어떤 부분이 수정되었는지 알기 어렵다.

'캐릭터는 위로 점프를 할 수 있고, 두 번 연속으로 점프하면 이단점프를 할 수 있지만, 떨어지는 지형에서는 점프를 할 수 없다.'

'캐릭터는 위로 점프할 수 있다.

두 번 연속으로 점프하면 이단점프를 한다.

떨어지는 지형에서는 점프를 할 수 없다.'

내용을 연결해서 긴 문장으로 쓰기보다 짧은 문장으로 분리해서 쓰는 것이 읽는 이들이 이해하기에 더 좋다.

양이 많아진다면 문서를 나눠서 작성한다

긴 문서를 읽고 싶어 하는 이들은 없다. 그리고 하나의 게임을 만들기 위해서는 생각보다 많은 내용의 정리가 필요하다. 요즘은 게임이 복잡해져서 어떠한 게임도 하나의 문서로 깔끔하게 정리하기 어렵다. 하나의 문서에는 핵심이 하나만 있는 것이 좋다. 그리고 구현 담당자가 다르다면 당연히 문서가 분리되어 있는 것이 작업하기에는 더 편리할 것이다.

핵심 내용은 가급적 앞에 쓴다

문서를 읽는 이들이 문서의 모든 내용을 꼼꼼하게 읽기를 기대하지는 않을 것이다. 개발자들은 필요한 내용만 빠르게 살펴보고 싶어 한다. 그러므로 중

게임 디자이너를 위한 문서 작성 기술

요한 내용은 가급적 문서의 앞에 써서 읽는 이들이 놓치지 않도록 한다. 앞부분은 소중한 공간이다. 무의미한 내용이나 형식적인 사항들로 읽는 이들의 집중력을 허비하게 할 필요는 없다. 주로 문서의 앞부분에 기술되는 내용은 구현의 지향점들로 이 시스템이 무엇을 위해서 만들어지는지, 이 컨텐츠가 어떤 목적을 갖고 있는지 등을 적는다.

그림과 도표를 적극 활용한다

좋은 이미지는 때로는 긴 문장으로도 이해시키기 어려운 것을 쉽게 설명하기도 한다. 그리고 글자보다는 그림이 더 빨리 이해되는 경우가 많다. 잘 정리된 이미지는 효과적인 의미 전달 도구이며 상황을 이해시키기 위해서 어떻게 도표나 이미지를 보여주는 것이 좋을지 고민하는 것도 자신의 생각을 정리하고 다듬는 데 도움이 된다.

문서가 모든 것을 설명할 수는 없다. 너무 자세하게 정리된 문서는 때로는 읽기에 부담스러울 수도 있고, 오히려 이해하는 데 어려움을 줄 수도 있다. 실제로 모든 내용을 적는 것도 불가능하다. 문서는 여러 가지 도구 중 하나일 뿐이다. 중요한 내용 위주로 문서에 담고, 문서를 전달하기 전에 문서의 내용을 설명하는 미팅을 해서 세부 내용을 전달하기를 권한다. 그 과정에서 내가 놓친 부분이 있다면 차후에 문서에 추가하면 된다. 만약 오랫동안 같이 일을 해온 동료라면 문서에서 세부적인 내용을 설명하지 않더라도 서로 이해할 수 있을 것이다. 문서는 필요한 만큼만 쓰면 된다.

많은 이들이 게임의 매력에 빠져서 게임 개발 환경에 낭만을 가지고 게임 개발자의 길로 뛰어든다. 하지만 게임은 아이디어 하나만으로 만들 수 있는 건 아니다. 아무리 좋은 아이디어가 있다고 하더라도 그것을 설계해서 완성된 게임으로 만들기 위해서는 많은 연습이 필요하다. 일러스트레이터가 멋진 이미지를 하나 그리기 위해서 수없이 많은 스케치를 하는데 게임 디자인을 하고 싶다고 하는 이들은 무엇을 단련하고 있을까. 좋은 아이디어는 잡기 어렵고 그때를 위해서 무엇을 준비하고 있어야 할까.

프로그래밍이나 게임 엔진에 대해서 공부하는 것도 좋다. 하지만 이것은 게임을 무엇으로 만들 것이냐에 대한 공부가 될 것이다. 도구를 잘 다루는 것은 필요하지만 게임, 그 자체가 목적인 연습도 필요하다. 단편적으로 떠오르는 생각이나 기존 게임의 한 장면을 보고 전체적인 흐름을 설계해서 게임 하나를 완성해보는 과정을 여러 번 연습하면서 어떤 요소들이 플레이에 도움이 될지, 완성도를 높이기 위해서는 어떤 장치가 필요할지를 고민하는 훈련을 할 필요가 있다.

좋은 게임을 만드는 방법을 묻는다면 그것에 대해서 명확하게 답해주기는 어렵다. 어떤 것이 좋은 게임일지는 완성되어 누군가 플레이해보기 전에는 알수 없다. 하지만 생각하는 것을 어떻게 게임으로 만들 수 있느냐고 묻는다면 그것에 대해서는 설명해줄 수 있다. 게임은 다른 컨텐츠들에 비해 형식이 자유롭다. 반드시 스토리가 필요한 게 아니고, 반드시 멋진 영상이나 캐릭터가

게임 디자이너를 위한 문서 작성 기술

필요한 것도 아니다. 때로는 글만으로도 진행되는 게임이 있을 수 있고, 때로는 글이 전혀 없이 이미지로만 진행되는 게임이 있을 수도 있다. 표현력이 자유로운 만큼 자신의 생각을 정리하지 못하면 게임을 완성하기가 어렵다.

　게임을 만드는 방법은 점점 더 발전하고 있고, 예전보다 손쉽게 만들 수 있다. 기술의 발전으로 인해 표현할 수 있는 범위도 훨씬 넓어졌다. 하지만 어떤 게임을 만들 것인가 부분은 도구가 해줄 수 없는 영역이다. 유행의 흐름이 있기에 예전의 게임들을 참고한다고 해도 자신이 만들 게임의 형태와 완성도를 본인이 고민하지 않으면 좋은 게임을 만들기 어려울 것이다.

Foreign Copyright:
Joonwon Lee   Mobile: 82-10-4624-6629
Address: 3F, 127, Yanghwa-ro, Mapo-gu, Seoul, Republic of Korea
         3rd Floor
Telephone: 82-2-3142-4151
E-mail: jwlee@cyber.co.kr

게임 디자이너를 위한
문서 작성 기술

2018. 3. 26. 초 판 1쇄 발행
2021. 6. 14. 초 판 2쇄 발행
2025. 1. 8. 개정증보 1판 1쇄 발행

저자와의
협의하에
검인생략

지은이 | 주진영
펴낸이 | 이종춘
펴낸곳 | [BM] ㈜도서출판 **성안당**

주소 | 04032 서울시 마포구 양화로 127 첨단빌딩 3층(출판기획 R&D 센터)
     | 10881 경기도 파주시 문발로 112 파주 출판 문화도시(제작 및 물류)

전화 | 02) 3142-0036
     | 031) 950-6300
팩스 | 031) 955-0510
등록 | 1973. 2. 1. 제406-2005-000046호
출판사 홈페이지 | www.cyber.co.kr
ISBN | 978-89-315-4812-9 (93000)
정가 | 18,000원

이 책을 만든 사람들
책임 | 최옥현
진행 | 최창동
교정 · 교열 | 심은정
표지 · 본문 디자인 | 상:想 company
홍보 | 김계향, 임진성, 김주승, 최정민
국제부 | 이선민, 조혜란
마케팅 | 구본철, 차정욱, 오영일, 나진호, 강호묵
마케팅 지원 | 장상범
제작 | 김유석